AF275171

COLEX

Disfrute gratuitamente **DURANTE UN AÑO** de los eBook y audiolibros de las obras de Editorial Colex*

- Acceda a la página web de la editorial **www.colex.es**

- Identifíquese con su usuario y contraseña. En caso de no disponer de una cuenta regístrese.

- Acceda en el menú de usuario a la pestaña «Mis códigos» e introduzca el que aparece a continuación:

RASCAR PARA VISUALIZAR EL CÓDIGO

- Una vez se valide el código, aparecerá una ventana de confirmación y su eBook y/o audiolibro estará disponible **durante 1 año desde su activación** en la pestaña «Mis libros» en el menú de usuario.

---

* Los audiolibros están disponibles en las ediciones más recientes de nuestras obras. Se excluyen expresamente las colecciones «Códigos comentados», «Biblioteca digital» y los productos de www.vademecumlegal.es.

No se admitirá la devolución si el código promocional ha sido manipulado y/o utilizado.

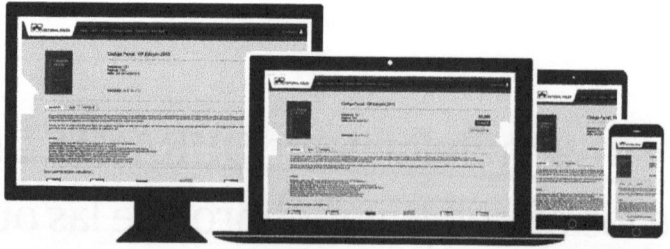

¡Gracias por confiar en nosotros!

La obra que acaba de adquirir incluye de forma gratuita la versión electrónica. Acceda a nuestra página web para aprovechar todas las funcionalidades de las que dispone en nuestro lector.

Funcionalidades eBook

Acceso desde cualquier dispositivo con conexión a internet

Idéntica visualización a la edición de papel

Navegación intuitiva

Tamaño del texto adaptable

Síguenos en:

EXCEDENCIA LABORAL

Todas las claves de la excedencia laboral: tipos,
cómo solicitarla, derechos y principales incidencias

EXCEDENCIA LABORAL

Todas las claves de la excedencia laboral: tipos, cómo solicitarla, derechos y principales incidencias

2.ª EDICIÓN 2024

Obra realizada por el Departamento de Documentación de Iberley

COLEX 2024

© Editorial Colex, S.L.
Calle Sol, número 20, bajo
A Coruña, C.P. 15003
info@colex.es
www.colex.es

I.S.B.N.: 978-84-1194-586-8
Depósito legal: C 1208-2024

SUMARIO

0.
INTRODUCCIÓN

Los derechos de conciliación y corresponsabilidad están regulados principalmente por el Estatuto de los Trabajadores (ET), la Directiva 2019/1158 de 20 de junio y la Ley Orgánica 3/2007, de 22 de marzo, para la igualdad efectiva de mujeres y hombres, con un objetivo claro, **permitir a las personas trabajadores equilibrar su vida laboral y familiar.** Para ello hemos de tener presente tres tipos de derechos dentro de los cuales encontraremos el que resulta objeto de esta obra:

1. Reducción de jornada por motivos familiares.
2. Adaptación de la duración y distribución de la jornada de trabajo.
3. Excedencias.

Reducción de jornada por motivos familiares

El objeto de esta medida es la reducción de la jornada de trabajo diaria, con la disminución proporcional del salario —entre, al menos, un octavo y un máximo de la mitad de la duración de aquélla— para el cuidado de (art. 37.6 del ET):

- **Un menor de 12 años.**
- **Una persona física con discapacidad física, psíquica o sensorial,** que no desempeñe una actividad retribuida y que estén a cargo del beneficiario.
- **Un familiar hasta el segundo grado de consanguinidad o afinidad** que, por razones de edad, accidente o enfermedad, no pueda valerse por sí mismo y que no desempeñe actividad retribuida.
- **Cónyuge o pareja de hecho, o un familiar hasta el segundo grado de consanguinidad y afinidad, incluido el familiar consanguíneo de la pareja de hecho, que por razones de edad, accidente o enfermedad** no pueda valerse por sí mismo, y que no desempeñe actividad retribuida.

Por tanto, su concesión será a favor de trabajadores que tengan a cargo, o sean familiares/ pareja de hecho, de los causantes arriba indicados.

Para su solicitud, el trabajador (salvo fuerza mayor) deberá preavisar al empresario con una antelación de 15 días o la que se determine en el convenio colectivo aplicable, precisando la fecha en que iniciará y finalizará la reducción de jornada.

Las reducciones de jornada contempladas en este apartado constituyen un derecho individual de los trabajadores, hombres o mujeres. No obstante, si dos o más trabajadores de la misma empresa generasen este derecho por el mismo sujeto causante, el empresario podrá limitar su ejercicio simultáneo por razones fundadas y objetivas de funcionamiento de la empresa, debidamente motivadas por escrito, debiendo en tal caso la empresa ofrecer un plan alternativo que asegure el disfrute de ambas personas trabajadoras y que posibilite el ejercicio de los derechos de conciliación.

En el ejercicio de este derecho se tendrá en cuenta el fomento de la corresponsabilidad entre mujeres y hombres y, asimismo, evitar la perpetuación de roles y estereotipos de género.

Adaptación de la duración y distribución de la jornada de trabajo

La nueva regulación dada al artículo 34.8 del ET (Real Decreto-ley 6/2019, de 1 de marzo y Real Decreto-ley 5/2023, de 28 de junio), pretende garantizar el derecho de las personas trabajadoras a la conciliación de la vida familiar y laboral, desvinculándolo de una eventual regulación convencional, tal y como se exigía antes de las distintas reformas.

En el caso de que tengan hijos o hijas, las personas trabajadoras tienen derecho a efectuar dicha solicitud hasta que los hijos o hijas cumplan doce años. Asimismo, tendrán ese derecho aquellas que tengan necesidades de cuidado respecto de los hijos e hijas mayores de **doce años**, el cónyuge o pareja de hecho, familiares por consanguinidad hasta el segundo grado de la persona trabajadora, así como de otras **personas dependientes** cuando, en este último caso, convivan en el mismo domicilio, y que por razones de edad, accidente o enfermedad no puedan valerse por sí mismos, debiendo justificar las circunstancias en las que fundamenta su petición. (SJS Valladolid n.º 426/2019, de 22 de noviembre de 2019, ECLI:ES:JSO:2019:4880).

En la negociación colectiva se pactarán los términos de su ejercicio, que se acomodarán a criterios y sistemas que garanticen la ausencia de discriminación, tanto directa como indirecta, entre personas trabajadoras de uno y otro sexo. En ausencia de regulación convencional, la empresa, ante la solicitud de la empleada, debe **abrir proceso de negociación, durante un periodo máximo de 15 días (con anterioridad al 30/06/2023 eran 30 días) y presumiéndose su concesión si no concurre oposición motivada expresa en este plazo.**

Finalizado el proceso de negociación, la empresa, por escrito, comunicará la aceptación de la petición. En caso contrario, planteará una propuesta alternativa que posibilite las necesidades de conciliación de la persona trabajadora o bien manifestará la negativa a su ejercicio. Cuando se plantee una propuesta alternativa o se deniegue la petición, se motivarán las razones objetivas en las que se sustenta la decisión. (STSJ de Cantabria n.º 635/2020, de 15 de octubre de 2020, ECLI:ES:TSJCANT:2020:775).

> **A TENER EN CUENTA.** El invocado art. 34.8 del ET no da un derecho de modificación unilateral, sino un poder de negociación del mismo de buena fe. Esto es, a plantear cambios con efecto útil para su interés de cuidar al menor o persona dependiente, que el empleador negocie de buena fe (con ofertas y contrapropuestas reales). De modo que, si no lo hace y no esgrime una razón organizativa suficiente, el art. 34.8 del ET, con relación al art. 139 de la LJS, le da mejor posición a la persona trabajadora titular de un derecho/expectativa a la adaptación razonable de su horario sin reducción salarial.

La persona trabajadora tendrá derecho a regresar a la situación anterior a la adaptación una vez concluido el período acordado o previsto o cuando decaigan las causas que motivaron la solicitud.

En el resto de los supuestos, de concurrir un cambio de circunstancias que así lo justifique, la empresa sólo podrá denegar el regreso solicitado cuando existan razones objetivas motivadas para ello.

Lo dispuesto se entiende sin perjuicio de los permisos a los que tenga derecho la persona trabajadora de acuerdo con lo establecido en el art. 37 y 48 bis del ET, es decir, supondrá un derecho compatibles con otras reducciones de jornada como el permiso por cuidado del lactante (ex acumulación del permiso de lactancia); reducción de jornada por nacimiento de hijos prematuros o que deban permanecer hospitalizados a continuación del parto por cualquier causa; la reducción de jornada por guarda legal analizada, el permiso parental, etc. Debe entenderse que la posibilidad que se regula en el artículo 34.8 del ET es complementaria y alternativa a la del 37.6 del ET. Es decir, que cuando se tengan hijos menores de doce años no es necesario acudir a la reducción de jornada, sino que puede utilizarse el derecho a distribuir su jornada y el tiempo de trabajo en relación con las necesidades de la persona trabajadora. (SJS Valladolid n.º 426/2019, de 22 de noviembre de 2019, ECLI:ES:JSO:2019:4880).

Las discrepancias surgidas entre la dirección de la empresa y la persona trabajadora serán resueltas por la jurisdicción social a través del procedimiento de reclamación de derechos de conciliación de la vida personal, familiar y laboral, como proceso especial en el Orden Social (art. 139 de la LRJS).

Excedencias

Como último punto dentro del marco para que los trabajadores puedan conciliar su vida laboral y familiar, encontramos el concepto objeto de esta obra, **las excedencias**.

La excedencia puede definirse como la suspensión temporal de la relación laboral o contrato de trabajo por decisión de la persona trabajadora o por causas relacionadas con esta, que en sus vertientes voluntaria o forzosa implica un «cese temporal» tras el cual el trabajador volverá a retomar sus responsabilidades y tareas, configurándose un régimen especial en algunos casos de reserva de puesto, y, en otros, una garantía de derecho preferente al reingreso.

El Estatuto de los Trabajadores, mediante una redacción algo confusa, deja la verdadera configuración del derecho a la negociación colectiva, lo que supone la necesidad de conocer no solo los puntos clave de la figura, sino también la resolución a las dudas más frecuentes por parte de la doctrina y jurisprudencia.

Nuestra obra, mediante un contenido fundamentalmente práctico y asociando formularios de interés, aborda todos los instrumentos necesarios para el correcto trámite de la figura, prestando especial atención a cuestiones como:

1. **Entorno normativo de las excedencias laborales.** Se examina el marco legal que regula las excedencias laborales, incluyendo leyes y decretos relevantes.

2. **Concepto de excedencia laboral.** Definición y características de la excedencia laboral, diferenciando entre los distintos tipos.

3. **Tipos y causas de excedencias.** Se desglosan los diferentes tipos de excedencias y sus causas, incluyendo:

   • **Excedencia forzosa:** Por ejercicio de cargo público, funciones sindicales, o cumplimiento de deber público.

   • **Excedencia voluntaria:** Por interés particular, mutuo acuerdo, convenio colectivo, y cuidado de hijos o familiares.

4. **Aspectos formales relacionados con la excedencia voluntaria.** Procedimientos para la solicitud, concesión, denegación y reingreso tras una excedencia voluntaria.

5. **Reclamaciones judiciales relacionadas con la excedencia laboral.** Análisis de las reclamaciones judiciales más comunes, como el derecho a reingreso y demandas por despido.

6. **Posibles incidencias en caso de excedencia laboral.** Se abordan situaciones como el cambio de titularidad de la empresa, derecho a prestaciones por desempleo, y trabajo para otras empresas durante la excedencia.

7. **Relaciones laborales especiales y su posibilidad de excedencia.** Examen de las excedencias en relaciones laborales especiales, como personal de alta dirección, servicio del hogar familiar, y deportistas profesionales.

8. **Situaciones de excedencia de los empleados públicos.** Regulación de las excedencias para empleados públicos según el Estatuto Básico del Empleado Público y otras normativas específicas.

1.
ENTORNO NORMATIVO DE LAS EXCEDENCIAS LABORALES

Se entenderá como excedencia la suspensión del contrato de trabajo por un período de tiempo determinado, de conformidad con lo establecido en el art. 46 del Real Decreto Legislativo 2/2015, de 23 de octubre, por el que se aprueba el texto refundido de la **Ley del Estatuto de los Trabajadores** (en adelante ET) y el **convenio colectivo** de aplicación:

- **Excedencia forzosa por ejercicio de cargo público o sindical:** arts. 37.d) y 46.1 del ET y art. 9.1 de la Ley Orgánica 11/1985, de 2 de agosto, de Libertad Sindical (en adelante, LOLS).

- **Excedencia voluntaria:** art. 46.2 del ET.

- **Excedencia especial pactada en convenio colectivo:** art. 46.6 del ET.

- **Excedencia para cuidado del menor:** la persona trabajadora como mínimo tendrá los derechos reconocidos en la legislación vigente, Convenio 103 de OIT relativo a protección de la maternidad (ratificado por España el 26 de mayo de 1965 —BOE 31 de agosto de 1966—) y, en concreto, artículos 37.4 del ET (reducción de jornada); art. 45.1 d) del ET (causa de suspensión del contrato de trabajo); art. 46.3 del ET (excedencia específica) y art. 48.4 del ET (permiso por parto de 16 semanas ininterrumpidas ampliables a 18 en caso de parto múltiple); y art. 55.5 b) del ET (protección frente al despido).

- **Excedencia para cuidado de familiar:** las personas trabajadoras, como mínimo, tendrán los derechos reconocidos en la legislación vigente, Convenio 103 de OIT relativo a protección de la maternidad (ratificado por España el 26 de mayo de 1965 —BOE 31 de agosto de 1966—) y, en concreto, artículos 37.6 del ET (reducción de jornada); art. 45.1 d) del ET (causa de suspensión del contrato de trabajo); art. 46.3 del ET (excedencia específica); art. 34.8 (adaptación del puesto de trabajo sin necesidad de reducir la jornada); y art. 55.5 b) del ET (protección frente al despido).

- **Excedencia en las distintas relaciones laborales de carácter especial:** según su regulación concreta, siendo habitual una remisión al Estatuto de los Trabajadores.

- **Suspensión del contrato para víctimas de violencia de género o sexual:** la trabajadora que se vea obligada a abandonar su puesto de trabajo como consecuencia de ser víctima de violencia de género o de violencia sexual, de acuerdo con los arts. 48.8 (suspensión con reserva de puesto de trabajo) y 45.1.n) del ET (suspensión del contrato).

- **Suspensión del contrato de trabajo por mutuo acuerdo:** art. 45.2 del ET.

- **Beneficios en materia de Seguridad Social y periodo de cotización efectiva a efectos de las prestaciones de seguridad social por jubilación, incapacidad permanente, muerte y supervivencia, maternidad y paternidad:** art. 237.1 y 2 de la Ley General de la Seguridad Social (en adelante, LGSS).

- **Sustitución de trabajadores excedentes por cuidado de familiares:** arts. 15.3 del ET y 17 del Real Decreto-ley 1/2023, de 10 de enero.

Otra normativa relacionada:

- **Real Decreto-ley 5/2023, de 28 de junio, por el que se adoptan y prorrogan determinadas medidas de respuesta a las consecuencias económicas y sociales de la Guerra de Ucrania, de apoyo a la reconstrucción de la isla de La Palma y a otras situaciones de vulnerabilidad; de transposición de Directivas de la Unión Europea en materia de modificaciones estructurales de sociedades mercantiles y conciliación de la vida familiar y la vida profesional de los progenitores y los cuidadores; y de ejecución y cumplimiento del Derecho de la Unión Europea.** Se modifica el art. 46.3 del Estatuto de los Trabajadores con el fin de incluir de manera expresa a los familiares por consanguinidad de las parejas de hecho a la hora de generar el derecho a un periodo de excedencia.

- **Real Decreto-ley 2/2023, de 16 de marzo, de medidas urgentes para la ampliación de derechos de los pensionistas, la reducción de la brecha de género y el establecimiento de un nuevo marco de sostenibilidad del sistema público de pensiones.** Con efectos de 18/03/2023, los apdos. 2 y 3 del art. 237 de la LGSS se modifican para ampliar a tres años el período considerado como cotizado a efectos de las prestaciones de la Seguridad Social por jubilación, incapacidad permanente, muerte y supervivencia, nacimiento y cuidado de menor, respecto de los períodos de excedencia por cuidado de familiares, así como los períodos de reducción de jornada que dan lugar a elevar al 100 por cien las cotizaciones computables.

- **Ley Orgánica 3/2007, de 22 de marzo, para la igualdad efectiva de mujeres y hombres:** en relación con la reducción de jornada por guarda legal se amplía, por una parte, la edad máxima del menor que da derecho a la reducción, que pasa de seis a ocho años, y se reduce, por otra, a un octavo de la jornada el límite mínimo de dicha reducción. También se reduce a cuatro meses la duración mínima de la excedencia voluntaria y se amplía de uno a dos años la duración máxima de la excedencia para el cuidado de familiares. Se reconoce la posibilidad de que tanto la excedencia por cuidado de hijo o hija como la de por cuidado de familiares puedan disfrutarse de forma fraccionada.

- **Ley 39/1999, de 5 de noviembre, para promover la conciliación de la vida familiar y laboral de las personas trabajadoras:** se amplía el derecho a la reducción de jornada y excedencia a los trabajadores que tengan que ocuparse de personas mayores y enfermas, en línea con los cambios demográficos y el envejecimiento de la población.

- **Ley 40/2003, de 18 de noviembre, de protección a las familias numerosas:** en su D.A. 1.ª trata diversos beneficios en materia de Seguridad Social y empleo que suponen modificaciones de normas legales vigentes, incluyendo el incremento del límite de rentas para tener derecho a las asignaciones económicas por hijo a cargo y la ampliación del período de reserva del puesto de trabajo y de su consiguiente consideración como período de cotización efectiva en supuestos de excedencia por cuidado de hijos disfrutados por trabajadores padres o madres de familia numerosa.

- **Real Decreto 1335/2005, de 11 de noviembre, por el que se regulan las prestaciones familiares de la Seguridad Social:** las empresas deberán comunicar a la Tesorería General de la Seguridad Social, en el plazo de 15 días, a partir de que se produzca el inicio y la finalización del disfrute por sus trabajadores de los períodos de excedencia laboral para el cuidado de hijo, del menor acogido o de otros familiares, con derecho de reserva de puesto de trabajo.

- **Ley 36/2011, de 10 de octubre, reguladora de la jurisdicción social** (en adelante, LRJS). La persona trabajadora solicitará el reconocimiento de la improcedencia del despido o el reconocimiento de vacante ante la negativa empresarial de reingreso siguiendo los requisitos, forma y contenido regulados para el proceso ordinario de despido, conforme a los artículos 103 a 113 de la LJS, de los que serán de aplicación supletoria los artículos 80 a 101 de la misma norma.

2.
CONCEPTO DE EXCEDENCIA LABORAL

El Estatuto de los Trabajadores regula en artículos separados «las causas y efectos de la suspensión» del contrato de trabajo (art. 45 del ET) y de las «excedencias» (art. 46 del ET). La enumeración de causas de suspensión es una enumeración tasada o exhaustiva en la que figuran supuestos relacionados con la vida personal o profesional del trabajador o bien al funcionamiento de la empresa. (STS n.º 1088/2018, de 19 de diciembre de 2018, ECLI:ES:TS:2018:4541).

El denominador común de las causas de suspensión es, con excepción de la denominada «mutuo acuerdo de las partes», el acaecimiento sobrevenido de una incompatibilidad, incapacidad, imposibilidad o impedimento para la ejecución del trabajo.

El régimen legal de la suspensión del contrato de trabajo del art. 45 del ET se caracteriza, desde el punto de los efectos o consecuencias jurídicas que se anudan a los supuestos suspensivos, por la exoneración de «las obligaciones recíprocas de trabajar y remunerar el trabajo». En consecuencia, mientras perduren las causas de suspensión se mantiene la exoneración de las obligaciones principales del contrato de trabajo y, una vez que desaparecen las situaciones o incidencias impedientes de la ejecución del trabajo o incompatibles con la misma, se reactivan automáticamente tales obligaciones.

La suspensión del contrato se configura como opción de la relación contractual en la que el trabajador tiene derecho a conservar el puesto de trabajo y el empresario deber de reserva de este. A lo largo de la situación suspensiva el puesto de trabajo podrá ser desempeñado por otro trabajador de la empresa o por otro trabajador contratado para ocuparlo. Pero la relación contractual en suspenso recupera su plenitud en el momento en que desaparece la causa suspensiva. De ahí que la ley haya previsto expresamente como una de las causas justificadas de contratación de trabajadores por tiempo determinado la sustitución de «trabajadores con derecho a reserva de puesto de trabajo» [art. 15.c) del ET].

Una de las causas de suspensión del contrato de trabajo de la lista del art. 45 del ET es la «excedencia forzosa», inclusión que concuerda sin dificultad alguna con la regulación de la misma en el art. 46.1 del ET. La excedencia forzosa se caracteriza en este precepto como una causa de incompatibilidad material con el trabajo o imposibilidad de la ejecución del trabajo («designación o elección para un cargo público que imposibilite la asistencia al trabajo»), y el rasgo más destacado de su regulación es el derecho del excedente forzoso «a la conservación del puesto».

La excedencia puede definirse, por tanto, como la suspensión temporal de la relación laboral o contrato de trabajo por decisión de la persona trabajadora o por causas relacionadas con esta, que en sus vertientes voluntaria o forzosa (art. 46 del ET) implica un «cese temporal» tras el cual el trabajador volverá a retomar sus responsabilidades y tareas, configurándose un régimen especial en algunos casos de reserva de puesto (por ejemplo, excedencia forzosa y, en otros, una garantía de derecho preferente al reingreso (por ejemplo, excedencia voluntaria).

Destacable en la configuración de esta figura es la regulación de mínimos por parte del Estatuto de los Trabajadores, donde con una redacción algo confusa se deja la verdadera configuración del derecho a la negociación colectiva, como vienen reflejando la jurisprudencia sobre la materia (entre muchas STS, rec. 95/2010 de 23 de julio de 2010, ECLI:ES:TS:2010:4601), a tenor de la cual:

> «(...) la excedencia (voluntaria) constituye un supuesto atípico de suspensión del contrato de trabajo que, al igual que los demás supuestos de suspensión reflejados en el art. 45 ET constituye una alteración de la normalidad laboral y como tal alteración exige que las normas que regulan su ejercicio sean interpretadas en su estricto sentido».

CUESTIÓN

Junto con la excedencia, ¿cuáles son las posibles causas de suspensión del contrato de trabajo?

– Mutuo acuerdo de las partes. Las partes pueden establecer motivos de suspensión del contrato siempre que no supongan abuso de derecho. Las condiciones de la suspensión han de establecerse por escrito. Salvo pacto en contrario, el empresario estará exento de cotizar a la Seguridad Social durante ese periodo.

– Incapacidad temporal de los trabajadores. El contrato de trabajo podrá suspenderse por incapacidad temporal del trabajador al amparo del art. 45.1 c) del ET.

– Nacimiento, adopción, guarda con fines de adopción o acogimiento. El art. 48 del Estatuto de los Trabajadores regula las situaciones de suspensión con reserva de puesto de trabajo en los supuestos de nacimiento (maternidad y paternidad), riesgo durante el embarazo o lactancia natural, adopción, guarda con fines de adopción o acogimiento.

– Riesgo durante el embarazo o riesgo durante la lactancia natural. Ante determinadas situaciones, en el entorno laboral, que puedan influir sobre el desarrollo del feto o el periodo de lactancia (estudiadas individualmente o establecidas por convenio) la TGSS reconocerá las prestaciones por riesgo durante el embarazo o lactancia natural (arts. 186-189 de la LGSS).

– Ejercicio de cargo público representativo. El art. 45 del ET establece la posibilidad de suspensión del contrato de trabajo ante ejercicio de cargo público representativo.

- Privación de la libertad. La suspensión del contrato de trabajo ante privación de libertad del trabajador se ampara en el art. 45.1 g) del ET, y se mantendrá mientras no exista sentencia condenatoria.

- Suspensión de empleo y sueldo, por razones disciplinarias. La suspensión del contrato de trabajo por motivos disciplinarios se recoge en los arts. 20, 45 y 58 del ET. Mientras se mantenga esta situación cesarán las obligaciones de trabajar y de remuneración y el trabajador se encontrará en situación asimilada al alta a efectos de cotización.

- Fuerza mayor temporal. La suspensión del contrato de trabajo por fuerza mayor temporal se establece en el art. 45.1 i) del ET.

- Causas económicas, técnicas, organizativas o de producción. La suspensión del contrato de trabajo y reducción de jornada temporal por causas económicas, técnicas, organizativas o de producción (ERTE) se realizará por el procedimiento establecido para el expediente de regulación de empleo.

- Por el ejercicio del derecho de huelga o cierre legal de la empresa. El art. 45.1 m) del ET establece que el contrato de trabajo podrá suspenderse por ejercicio del derecho de huelga o cierre patronal.

- Víctima de violencia de género o de violencia sexual. El art. 45.n) del ET (con efectos de 22/08/2024) establece el derecho a suspensión del contrato de trabajo por decisión de la trabajadora que se vea obligada a abandonar su puesto de trabajo como consecuencia de ser víctima de violencia de género o de violencia sexual.

- Disfrute del permiso parental.

RESOLUCIONES RELEVANTES

STSJ de la Comunidad Valenciana n.º 2361/2005, de 8 de julio de 2005, ECLI:ES:TSJCV:2005:4804

El art. 45.1 c) del Estatuto de los Trabajadores contempla, como causas de suspensión del contrato de trabajo, las situaciones de incapacidad temporal de los trabajadores, si bien estas causas suspensivas se mantienen hasta que recae resolución del Instituto Nacional de la Seguridad Social sobre la incapacidad, de tal forma que, si la propuesta es la denegación de incapacidad permanente en cualquiera de sus grados, concluiría la situación suspensiva y el trabajador debe reintegrarse a su trabajo.

STSJ de la Comunidad Valenciana n.º 1860/2013, de 10 de septiembre, ECLI:ES:TSJCV:2013:5043

Como características esenciales de todos los supuestos de suspensión se establece:

- El contrato no se extingue, paralizándose simplemente algunos de sus efectos, aunque estos sean generalmente los más importantes.

- En cada una de las suspensiones, su específica significación ha de obtenerse de la correspondiente normativa, legal o contractual, por la que se rijan.

- En principio, la suspensión afecta primordial y, a veces, exclusivamente al deber de realizar la actividad convenida y de remunerar el trabajo, respectivamente para trabajador y empresario, pero quedan subsistentes aquellas otras relaciones y expectativas no paralizadas o destruidas por la suspensión, entre ellas los beneficios que deriven de los sucesivos convenios colectivos, salvo que otra cosa se deduzca de su propio articulado.

3.
TIPOS Y CAUSAS DE EXCEDENCIAS

De conformidad con el texto estatutario, y siempre teniendo presente cualquier mejora fijada por norma convencional, los supuestos de excedencia y los efectos fijados legalmente para cada una de estas situaciones pueden resumirse, de forma previa a su análisis individual, de la siguiente manera:

- Excedencia forzosa por ejercicio de cargo público, sindical o cumplimiento de deber público.

- Excedencias voluntarias: por interés particular, pactada de mutuo acuerdo o excedencia especial colectivamente acordada.

- Excedencias por cuidado de hijos o familiares.

3.1. Análisis conjunto de los distintos tipos de excedencia

Excedencia forzosa por ejercicio de cargo público, sindical o cumplimiento de deber público

Se concederá excedencia forzosa a los trabajadores designados o elegidos para el desempeño de un cargo público que imposibilite la asistencia al trabajo. Asimismo, podrán solicitar su pase a la situación de excedencia los trabajadores que ejerzan funciones sindicales de ámbito provincial o superior mientras dure el ejercicio de su cargo representativo.

Cuando el cumplimiento del deber antes referido suponga la imposibilidad de la prestación del trabajo en más del veinte por ciento de las horas laborables en un periodo de tres meses, podrá la empresa pasar al trabajador afectado a la situación de excedencia [art. 37.d) del ET].

Esta excedencia dará derecho a la conservación del puesto de trabajo y al cómputo de antigüedad en la empresa.

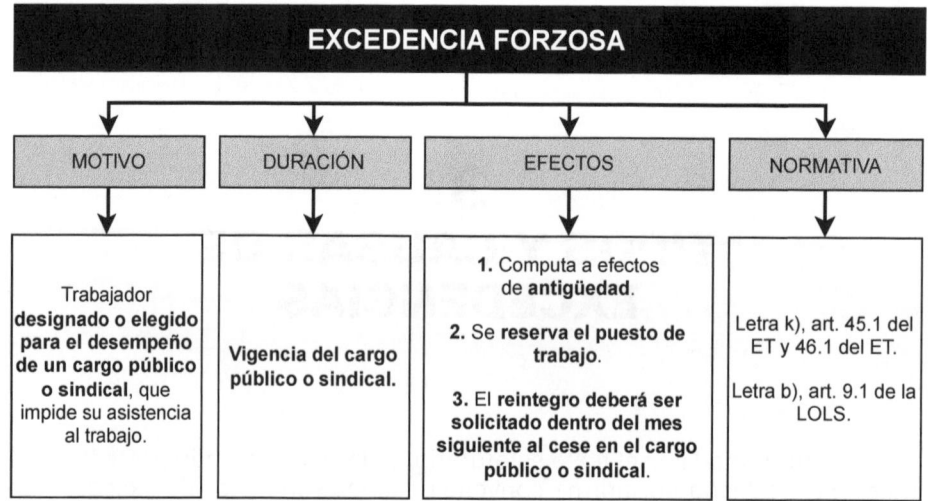

EXCEDENCIA FORZOSA

MOTIVO	DURACIÓN	EFECTOS	NORMATIVA
Trabajador **designado o elegido para el desempeño de un cargo público o sindical**, que impide su asistencia al trabajo.	**Vigencia del cargo público o sindical.**	**1.** Computa a efectos de **antigüedad**. **2.** Se **reserva el puesto de trabajo**. **3.** El **reintegro deberá ser solicitado dentro del mes siguiente al cese en el cargo público o sindical**.	Letra k), art. 45.1 del ET y 46.1 del ET. Letra b), art. 9.1 de la LOLS.

CUESTIÓN

¿Qué diferencias existen entre la excedencia forzosa y la voluntaria?

Forzosa	Voluntaria
Su concesión es obligatoria para la empresa. Supone la conservación del puesto de trabajo. El periodo en excedencia computa como antigüedad. El reingreso debe ser solicitado dentro del mes siguiente al cese de la causa que lo produjo. Causas: – Designación o elección para un cargo público que imposibilite la asistencia al trabajo. – Realización de funciones sindicales de ámbito provincial o superior.	Se requiere llevar en la empresa al menos un año, y no haber pedido otra en los 4 años anteriores. No se reconoce derecho a reserva del puesto de trabajo sino derecho preferente de reingreso cuando haya vacante de igual o similar categoría. Su duración será entre cuatro meses y cinco años. Causas: – Asuntos propios. – Las reguladas en convenio colectivo. – Para cuidado de hijos o familiares.

* Fuente: Ministerio de Trabajo y Economía Social

Excedencias voluntarias

|| Excedencia voluntaria por interés particular

El personal con, al menos, una antigüedad en la empresa de un año tiene derecho a situarse en excedencia voluntaria por un plazo no inferior a cuatro meses y no superior a cinco años. Este derecho solo podrá ser ejercitado otra vez por la misma persona si han transcurrido cuatro años desde el final de la anterior excedencia.

La persona en situación de excedencia voluntaria conserva solo un derecho preferente al reingreso en las vacantes de igual o similar nivel que hubiera o se produjeran en la empresa o grupo de empresas, no computándose su duración a efectos de presencia efectiva en la empresa. Este derecho preferente al reingreso podrá disfrutarse a partir de la fecha de finalización de la excedencia voluntaria que expresamente conste en la comunicación de solicitud de la excedencia.

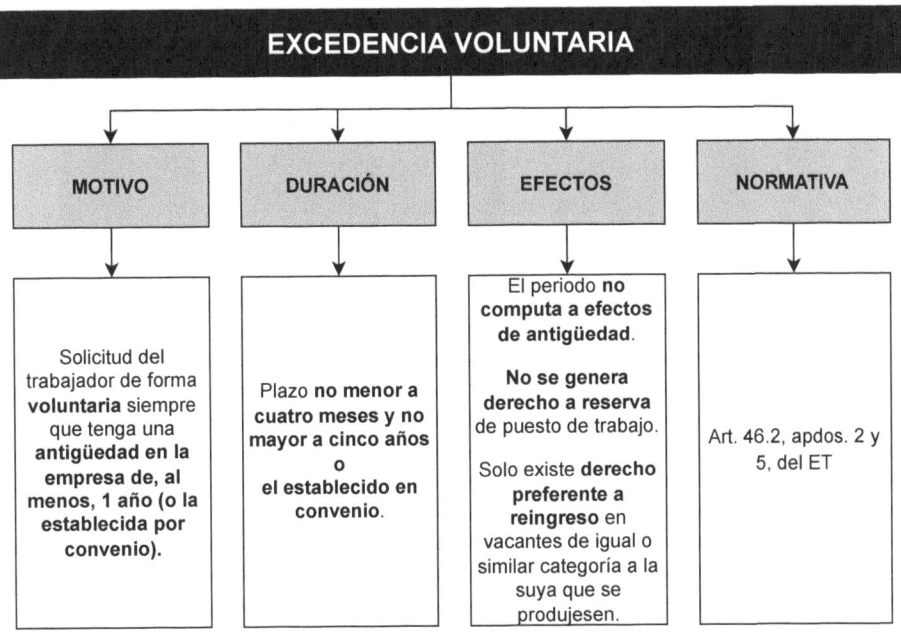

Excedencia pactada de mutuo acuerdo

Acordada dentro del derecho de las partes a la suspensión del contrato siempre que no suponga abuso de derecho (art. 45 del ET).

Excedencia especial colectivamente acordada

En desarrollo del número 6 del artículo 46 del ET, la situación de excedencia podrá extenderse a otros supuestos colectivamente acordados, con el régimen y los efectos que allí por convenio se prevean.

Excedencias por cuidado de hijos o familiares

Excedencia por cuidado de hijos

El personal tendrá derecho a un período de excedencia de duración no superior a tres años para atender al cuidado de cada hijo o hija, tanto cuando lo sea por naturaleza como por adopción, o los supuestos de acogimiento, tanto permanente como preadoptivo, aunque estos sean provisionales, a contar desde la fecha de nacimiento o, en su caso, de la resolución judicial o administrativa.

|| Excedencia por cuidado de un familiar

También tendrán derecho a un periodo de excedencia, de duración no superior a dos años, salvo que se establezca una duración mayor por negociación colectiva, los trabajadores para atender al cuidado del cónyuge o pareja de hecho, o de un familiar hasta el segundo grado de consanguinidad y por afinidad, incluido el familiar consanguíneo de la pareja de hecho, que por razones de edad, accidente, enfermedad o discapacidad no pueda valerse por sí mismo, y no desempeñe actividad retribuida.

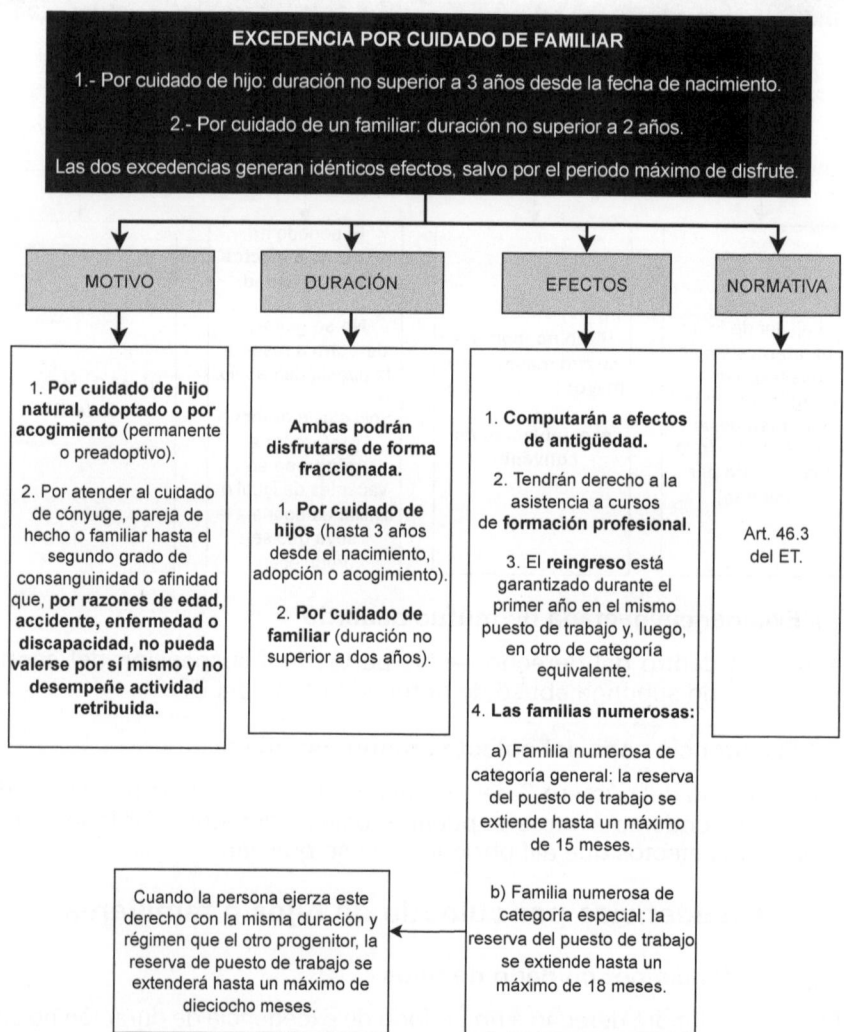

EXCEDENCIA POR CUIDADO DE FAMILIAR

1.- Por cuidado de hijo: duración no superior a 3 años desde la fecha de nacimiento.

2.- Por cuidado de un familiar: duración no superior a 2 años.

Las dos excedencias generan idénticos efectos, salvo por el periodo máximo de disfrute.

MOTIVO	DURACIÓN	EFECTOS	NORMATIVA
1. **Por cuidado de hijo natural, adoptado o por acogimiento** (permanente o preadoptivo). 2. Por atender al cuidado de cónyuge, pareja de hecho o familiar hasta el segundo grado de consanguinidad o afinidad que, **por razones de edad, accidente, enfermedad o discapacidad, no pueda valerse por sí mismo y no desempeñe actividad retribuida.**	**Ambas podrán disfrutarse de forma fraccionada.** 1. **Por cuidado de hijos** (hasta 3 años desde el nacimiento, adopción o acogimiento). 2. **Por cuidado de familiar** (duración no superior a dos años).	1. **Computarán a efectos de antigüedad.** 2. Tendrán derecho a la asistencia a cursos de **formación profesional**. 3. El **reingreso** está garantizado durante el primer año en el mismo puesto de trabajo y, luego, en otro de categoría equivalente. 4. **Las familias numerosas:** a) Familia numerosa de categoría general: la reserva del puesto de trabajo se extiende hasta un máximo de 15 meses. b) Familia numerosa de categoría especial: la reserva del puesto de trabajo se extiende hasta un máximo de 18 meses.	Art. 46.3 del ET.

Cuando la persona ejerza este derecho con la misma duración y régimen que el otro progenitor, la reserva de puesto de trabajo se extenderá hasta un máximo de dieciocho meses.

CUESTIONES

1. ¿Qué diferencias existen entre la excedencia por cuidado de familiares y la excedencia por cuidado de hijos?

La excedencia voluntaria por cuidado de hijo es un derecho que se tiene durante un máximo de tres años para atender al cuidado de cada hijo (tanto cuando lo sea por naturaleza, como por adopción, o en los supuestos de guarda con fines de adopción o acogimiento permanente), a contar desde la fecha de su nacimiento (o, en su caso, de la resolución judicial o administrativa), por centrarnos en este supuesto, sin que se exija requisito adicional alguno. Por el contrario, la excedencia por cuidado de familiares o pareja de hecho, además de tener una duración distinta (un máximo de dos años, salvo que por negociación se establezca una duración mayor), requiere que el familiar por razones de edad, accidente, enfermedad o discapacidad no pueda valerse por sí mismo y no desempeñe actividad retribuida. Se exige así que el familiar (hasta el segundo grado de consanguinidad o afinidad) cumpla con dos requisitos acumulativos: que por las razones mencionadas no pueda valerse por sí mismo y que no realice actividad retribuida.

En lo relativo a la cotización durante estos periodos de excedencia se han igualado los periodos de cotización efectiva a efectos de las prestaciones de seguridad social por jubilación, incapacidad permanente, muerte y supervivencia y nacimiento y cuidado de menor. Para el acceso a estas prestaciones, se considerarán efectivamente cotizados los tres primeros años del período de excedencia en ambos supuestos (art. 237.1 y 2 de la LGSS).

2. ¿Se puede solicitar una excedencia por cuidado de familiares para cuidado de un hijo mayor de 3 años?

Este aspecto ha sido analizado por la *STS n.º 161/2021, de 5 de febrero de 2021, ECLI:ES:TS:2021:456*, entendiendo que no:

«Tampoco parece razonable interpretar la razón de "edad" de la excedencia por cuidado de familiares del párrafo segundo del artículo 46.3 del ET, en el sentido de que todos los hijos, y concretamente los mayores de tres años (a los menores de esa edad, sin realizar ahora mayores precisiones, le es plenamente aplicable la excedencia por cuidado de hijos del párrafo primero del artículo 46.3 ET), sin excepción, no pueden valerse por sí mismos. Es claro que todos los menores de una determinada edad no pueden valerse por sí mismos en el sentido de que necesitan cuidados y la ley obliga a sus progenitores a atenderlos. Pero no parece que sea este el sentido que se quiere dar a la edad, como razón de la imposibilidad de valerse por sí mismo, en la excedencia por cuidado de familiares del párrafo segundo del artículo 46.3 del ET. Si se hiciera esta interpretación, sería tanto como decir que todos, o casi todos, los hijos mayores de tres años podrían causar derecho a una segunda excedencia, adicional a la potencialmente ya causada hasta los tres años (párrafo primero del artículo 46.3 ET), porque por razones de edad no pueden valerse por sí mismos. No cabe entender que sea esta la voluntad de la ley cuando ha limitado hasta los tres años la excedencia por cuidado de hijo. La edad, respecto de los hijos, se contempla en el párrafo primero del artículo 46.3 del ET, fijando en caso de nacimiento una determinada edad máxima, por lo que no parece razonable interpretar que el párrafo segundo del artículo 46.3 ET exime de ese tope de edad para el caso de hijos. No es razonable interpretar que el párrafo segundo permite cualquier edad para el cuidado de hijo, estableciendo una regulación contraria al límite de tres años del párrafo primero. Otra cosa es que la razón para atender el cuidado de un hijo mayor de tres años sea, no meramente la edad, sino las restantes causas enunciadas en el párrafo segundo del artículo 46.3 ET (accidente, enfermedad o discapacidad), en cuyo caso, el cuidado de hijo podría insertarse en el concepto de excedencia por cuidado de familiares de aquel párrafo segundo».

JURISPRUDENCIA

STS n.º 312/2023, de 26 de abril del 2023, ECLI:ES:TS:2023:2087

En caso de excedencia por cuidado de hijo el derecho al reingreso es incondicional y no vinculado a que haya vacantes. «(...) durante el primer año, el trabajador tiene derecho a la reserva de "su puesto de trabajo". Pero si el período de excedencia se prolonga, la reserva queda referida "a un puesto de trabajo del mismo grupo profesional o categoría equivalente". A juicio de la Sala, existe pues siempre reserva del puesto de trabajo, y en su consecuencia, por imperativo legal, la empresa está obligado a reservarlo, si bien durante el primer año la reserva es del mismo puesto de trabajo que el trabajador venía desempeñando, y una vez superado el primer año, la reserva queda referida un puesto de trabajo del mismo grupo profesional o categoría equivalente».

3.2. Excedencia forzosa

La excedencia forzosa se observa en los arts. 37.3 d), 45.1.k), 46.1 y 48.1 del ET y 9.1 de la LOLS siendo sus notas más características el reingreso automático y el cómputo de la antigüedad.

3.2.1. Efectos comunes a todas las excedencias forzosas

La situación de excedencia forzosa aparece regulada en los apartados 1 y 4 del art. 46 del Estatuto de los Trabajadores, en relación con el art. 9.1.b) de la LOLS, suponiendo (como hemos adelantado) la suspensión del contrato [art. 45.1. k) del ET] durante un tiempo determinado para la realización de ejercicio de:

– Cargo público.

– Funciones sindicales.

– Deber público.

Los efectos comunes a todas las excedencias forzosas son:

– El Estatuto de los Trabajadores **no especifica ningún requisito formal para su solicitud.** Salvo especificación por convenio colectivo, sería suficiente una solicitud dirigida a la empresa adjuntando la documentación justificante en la que se especifique claramente: identificación de las partes, situación que causa el derecho a excedencia forzosa, duración, lugar, fecha y firma del trabajador.

– La concesión de la excedencia forzosa **es obligatoria por la empresa** cuando el trabajador sea designado o elegido para un cargo público que imposibilite la asistencia al trabajo o realice funciones sindicales de ámbito provincial o superior.

– La empresa **debe conservar el puesto de trabajo** y su período se tiene como trabajado a efectos de **cómputo de antigüedad,** lo que supone un derecho a reingreso y reserva de puesto siempre que continúe la relación laboral.

– El **reingreso debe ser solicitado** dentro del mes siguiente (treinta días naturales) al cese de la causa que lo produjo tal y como se establece en los artículos 45, 46 y 48 del Estatuto de los Trabajadores. De no ser así, puede entenderse la existencia de un abandono del puesto de trabajo o dimisión tácita de la persona trabajadora.

– Puede ser **ampliada o reducida** previa petición por escrito con una antelación de 30 días.

– Si el empresario se negase a la readmisión se considera **despido** e implicaría el **derecho a una indemnización de daños y perjuicios**. (STS n.º 352/2020, de 19 de mayo de 2020, ECLI:ES:TS:2020:1733).

– Tampoco hay **obligación de cotizar,** por lo que se dará de baja al trabajador en la Seguridad social que pasará a encontrarse en **situación asimilada al alta** para las prestaciones de incapacidad permanente, jubilación, y muerte y supervivencia. En el caso de la excedencia forzosa por elección para cargo público o sindical, permite acceder a la prestación contributiva por desempleo (arts. 166 LGSS y 36 Real Decreto 84/1996, de 26 de enero).

En relación con el tiempo de excedencia explica la STS, rec. 4414/2000, de 26 de septiembre de 2001, ECLI:ES:TS:2001:7212: «(...) una cosa es el derecho al cómputo de la antigüedad en la excedencia forzosa, y otra la determinación del tiempo de servicios en la empresa a efectos del artículo 56.1 a) del Estatuto», doctrina que «es lógica consecuencia de los términos en que se expresan los artículos 56.1.a) y 46.1 del Estatuto de los Trabajadores, en donde, el primero (al igual que los correspondientes preceptos referidos a la extinción de las relaciones laborales especiales) establece la indemnización a tenor de los «períodos de tiempo de servicio» y no de antigüedad, como también se hace en los artículos del mismo texto legal 53.1.b) (extinción del contrato por causas objetivas) y 51.8 (despido colectivo) y, el segundo (artículo 46.1 ET) determina los derechos inherentes a la excedencia forzosa, que son conservación del puesto y cómputo de antigüedad y no de «tiempo de servicio», conceptos distintos como reiteradamente y desde antiguo matizó nuestra jurisprudencia». (STSJ Aragón n.º 433/2012, de 13 de julio de 2012, ECLI:ES:TSJAR:2012:941).

Vía convenio colectivo podrán fijarse requisitos formales para su solicitud, justificación o disfrute. A modo de ejemplo:

> **«Artículo 85. VII Convenio colectivo general del sector de derivados del cemento (BOE 14/07/2023)**
> **Excedencias sindicales.**
>
> El personal con antigüedad de tres meses que ejerza o sea llamado a ejercer un cargo sindical en los órganos de gobierno de régimen local, comarcal, provincial, autonómico o nacional de una central sindical, tendrá derecho a una excedencia forzosa por el tiempo que dure el cargo que la determina.

Para acceder el trabajador a dicha excedencia, deberá acompañar a la comunicación escrita a la Empresa, el certificado de la central sindical correspondiente en el que conste el nombramiento del cargo sindical de gobierno para el que hay sido elegido. El trabajador excedente forzoso tiene la obligación de comunicar a la Empresa, en un plazo no superior al mes, la desaparición de las circunstancias que motivaron su excedencia; caso de no efectuarla en dicho plazo, perderá el derecho al reingreso. El reingreso será automático y obligatorio y el trabajador tendrá derecho a ocupar una plaza del mismo grupo, lugar y puesto de trabajo que ostentaba antes de producirse la excedencia forzosa».

«Artículo 56. Convenio colectivo estatal de perfumería y afines (BOE 26/01/2023)
Excedencias especiales.

Dará lugar a la situación de excedencia especial del personal, cualquiera de las siguientes causas:

a) Nombramiento para cargo público, cuando su ejercicio sea incompatible con la prestación de servicios en la empresa. Si surgieran discrepancias a este respecto, decidirá la Jurisdicción competente. La excedencia se prolongará por el tiempo que dure el cargo que la determine y otorgará derecho a ocupar la misma plaza que desempeñaba la persona trabajadora al producirse tal situación, computándose el tiempo que haya permanecido en aquella como activo a todos los efectos. El reingreso deberá solicitarlo dentro del mes siguiente al de su cese en el cargo público que ocupaba».

CUESTIONES

1. ¿Es necesario que la empresa comunique la aceptación de una excedencia forzosa?

Sí. A pesar de que la concesión de la excedencia forzosa es obligatoria por la empresa, para colocarse en esta situación es necesaria la aceptación por escrito por parte de la empresa.

En caso de no obtener respuesta, la persona trabajadora deberá interponer demanda en los juzgados de lo social para el reconocimiento de la situación. En estos casos sería posible solicitar una compensación por daños y perjuicios.

2. El desempeño de distintos cargos sin solución de continuidad ¿necesita una nueva solicitud de excedencia?

No. Pero es recomendable comunicar cualquier cambio a la empresa.

Convenio especial durante las situaciones de permanencia en alta sin retribución, cumplimiento de deberes públicos, permisos y licencias

Al amparo del art. 19 de la Orden TAS/2865/2003, de 13 de octubre, por la que se regula el convenio especial en el Sistema de la Seguridad Social, podrán suscribir esta modalidad de convenio especial los trabajadores que se encuentren en situación de alta sin retribuciones, cumplimiento de deberes de carácter público, permisos y licencias que no den lugar a excedencia en el trabajo, en las que, conforme a lo establecido en el art. 69 del Reglamento General sobre Cotización y Liquidación de otros Derechos de la Seguridad Social (Real Decreto 2064/1995, de 22 de diciembre), se mantenga la obligación de cotizar, si la base de cotización del mes natural anterior a la fecha de iniciación de tales situaciones fuere superior a la base mínima correspondiente al grupo de la categoría profesional del trabajador.

La base de cotización en esta modalidad de convenio estará constituida por la diferencia entre la base de cotización del interesado en el mes anterior a la fecha de inicio de estas situaciones y la base mínima correspondiente al grupo de la categoría profesional del trabajador.

La suscripción de este convenio especial determinará la situación de alta respecto del conjunto de la acción protectora del régimen en que figure incluido dicho trabajador o asimilado.

3.2.2. Excedencia por ejercicio de cargo público representativo que imposibilite la asistencia al trabajo

Concepto de cargo público

El cargo público al que se refiere el artículo 46.1 ET que da derecho a pasar la situación de excedencia forzosa no es el permanente «burocrático de carrera» si no el cargo «político temporal o a movible al que se accede por elección o por designación de la autoridad competente y cuyo desempeño imposibilite la asistencia al trabajo. Se trata, por tanto, de cargos de designación política que participar en las decisiones de Gobierno mediante el desempeño personal de los distintos órganos de las Administraciones Públicas (STS 7 de marzo de 1990)». (STS, rec. 2432/2006 de 18 de septiembre de 2007, ECLI:ES:TS:2007:6088).

Dentro de este campo de aplicación se encuentran numerosos cargos orgánicos (ministros, subsecretarios, secretarios generales, directores generales, cargos equiparables de las administración autonómicas o municipales, delegados del gobierno, directores o delegados provinciales, etc.) pero no los empleos de gestión o asesoramiento, aunque se trate de puestos de confianza, que llevan a cabo una labor de apoyo de quienes desempeñan los anteriores cargos políticos. Para el desarrollo de estos cargos técnicos de apoyo están previstas en el ordenamiento laboral otras situaciones como la excedencia voluntaria (art. 46.6 ET) y la suspensión del contrato de trabajo por mutuo acuerdo de las partes [art. 45.1.a) ET]. (STSJ Baleares n.º 265/2020, de 2 de septiembre de 2020, ECLI:ES:TSJBAL:2020:687).

‖ **Características**

Será necesaria la designación o elección para un cargo público que imposibilite la asistencia al trabajo.

La duración de la excedencia forzosa corresponde con el periodo de vigencia del cargo público.

RESOLUCIONES RELEVANTE

STSJ de la Comunidad Valenciana n.º 733/2017, de 21 de marzo de 2017, ECLI:ES:TSJCV:2017:1636

«La condición de excedente forzoso por ejercicio de cargo público no implica un blindaje frente a un proceso de reestructuración de plantilla, pues efectivamente como parte de la misma los trabajadores pueden verse afectados por los despidos derivados de la necesidad de amortizar plantilla sin embargo en este proceso el empleador no puede hacer un tratamiento diferenciado de los mismos como sucede en el presente caso en el que se aplica una política de inadmisión directa de los excedentes por cargo público vulnerando la garantía de estabilidad laboral que contempla el artículo 48 del ET, y en consecuencia causando un perjuicio a la trabajadora que tiene su origen en el ejercicio de un derecho constitucional. Desestimamos así la petición principal del presente recurso que postula la procedencia del despido y la subsidiaria primera que postula la improcedencia».

STC n.º 66/2020, de 29 de junio, ECLI:ES:TC:2020:66

Declara la vulneración del derecho al ejercicio de las funciones representativas por negativa empresarial a la reincorporación a su puesto de trabajo de quien cesó en su condición de concejal con dedicación exclusiva. La demandante de amparo prestaba sus servicios como administrativa para el Real Automóvil Club de España cuando fue elegida concejala de un Ayuntamiento. Se mantuvo en el ejercicio activo en el desempeño de su relación laboral compatibilizándolo con su labor de concejala, en un primer periodo. Posteriormente el ayuntamiento le reconoció la situación de dedicación exclusiva en su función de concejala por lo que, al amparo del art. 46.1 ET, solicitó y le fue reconocida por su empleadora la situación de excedencia forzosa en su puesto de trabajo. El 13/6/2015 el pleno del ayuntamiento le retiró el reconocimiento de la dedicación exclusiva; solicitó la reincorporación a su puesto de trabajo, lo que le fue denegado por la entidad empleadora, extinguiéndose su relación laboral. El TC declara vulnerado el derecho fundamental al ejercicio del cargo público representativo en cuanto que es contrario a la efectividad del derecho a la representación política negar la reincorporación laboral basándose en que la dedicación ordinaria a la corporación municipal no es conciliable con el cumplimiento de la jornada laboral. Este razonamiento implica una consecuencia laboral desfavorable con fundamento en el ejercicio del núcleo esencial de su ius in officium como miembro de un consistorio municipal.

JURISPRUDENCIA

STS n.º 1259/2021, 14 de diciembre de 2021, ECLI:ES:TS:2021:4927

«En esta acepción propia y estricta de "cargo público" se incluyen por una parte los cargos representativos o electivos y por otra parte los cargos de designación política que participan en las decisiones de Gobierno mediante el desempeño personal de los distintos órganos de las Administraciones públicas. Dentro de este campo de aplicación se encuentran numerosos cargos orgánicos (Ministros, Subsecretarios, Secretarios Generales, Directores Generales, cargos equivalentes de las Administraciones autonómicas o municipales, Delegados del Gobierno, Directores o Delegados provinciales, etcétera) pero no los empleos de gestión o asesoramiento, aunque se trate de puestos de confianza, que llevan a cabo una labor de apoyo de quienes desempeñan los anteriores cargos políticos. Para el desarrollo de estos cargos técnicos de apoyo están previstas en el ordenamiento laboral otras situaciones como la excedencia vo-

luntaria (art. 46.6 ET) y la suspensión del contrato de trabajo por mutuo acuerdo de las partes [art. 45.1.a) ET]».

La Sala razona que ni la regulación legal (art. 46 DEL ET) ni la convencional (art. 19.2 convenio colectivo de la empresa) aplicables al caso establecen la extinción de la excedencia forzosa por el mantenimiento durante la misma de una relación laboral con otra empleadora, y que al conceder la excedencia tampoco se avisó al trabajador de dicha condición, con lo que no cabe apreciar la vulneración de la buena fe, ni el fraude de ley o error en el consentimiento alegados.

STS, rec. 3187/2006, de 13 de noviembre de 2007, ECLI:ES:TS:2007:9078

En la acepción propia y estricta de «cargo público» se incluyen por una parte los cargos representativos o electivos y por otra parte los cargos de designación política que participan en las decisiones de Gobierno mediante el desempeño personal de los distintos órganos de las Administraciones públicas, entre los que se encuentran numerosos cargos orgánicos, pero no los empleos de gestión o asesoramiento, aunque se trate de puestos de confianza, que llevan a cabo una labor de apoyo de quienes desempeñan los anteriores cargos políticos. En este caso, la actora es nombrada Técnica de Asesoramiento para la Comunicación de Programas Municipales de Empleo, con el carácter de personal eventual y en régimen de dedicación exclusiva, lo que lleva a la conclusión de que no se encuentra en el círculo limitado de los cargos públicos con derecho a excedencia forzosa, procediendo estimar el recurso.

3.2.3. Excedencia por ejercicio de funciones sindicales de ámbito provincial o superior mientras dure el ejercicio de su cargo representativo

Concepto de funciones sindicales

Quienes ostenten cargos electivos a nivel provincial, autonómico o estatal, en las organizaciones sindicales más representativas, tendrán derecho a esta excedencia forzosa, o a la situación equivalente en el ámbito de la función pública. Solo constituye excedencia forzosa, es decir, suspensión del contrato, con los efectos propios de la misma:

- Si se trata del ejercicio de funciones sindicales de ámbito provincial o superior, autonómico o estatal (supone reserva del puesto y cómputo de antigüedad mientras dura el ejercicio de su cargo representativo, debiendo reincorporarse a su puesto de trabajo dentro del mes siguiente a la fecha del cese).

- Si se trata de un cargo sindical electivo, a los que se llegue por elección interna del sindicato y con capacidad de decisión sobre política sindical.

- Se trate de organizaciones sindicales más representativas.

|| **Características**

Quienes ostenten cargos electivos a nivel provincial, autonómico o estatal, en las organizaciones sindicales más representativas, tendrán derecho a la excedencia forzosa, o a la situación equivalente en el ámbito de la función pública, con derecho a reserva del puesto de trabajo y al cómputo de antigüedad mientras dure el ejercicio de su cargo representativo, debiendo reincorporarse a su puesto de trabajo dentro del mes siguiente a la fecha del cese (art. 9 b) LOLS).

La STC n.º 18/2003, de 30 de enero de 2003, ECLI:ES:TC:2003:18, ha definido el alcance del art. 9 b) LOLS como «(...) una norma dotada de propia entidad ordenadora, en la que se regula un contenido adicional del derecho de libertad sindical, en tanto la norma permanezca en el Ordenamiento jurídico debe ser aplicada y respetada, produciéndose en caso contrario una vulneración de dicho derecho fundamental».

Para definir la existencia de un cargo sindical de ámbito provincial o superior ha de acudirse a los arts. 6 y 7 LOLS:

Art. 6. de la LOLS

«2. Tendrán la consideración de sindicatos más representativos a nivel estatal:

a) Los que acrediten una especial audiencia, expresada en la obtención, en dicho ámbito del 10 por 100 o más del total de delegados de personal de los miembros de los comités de empresa y de los correspondientes órganos de las Administraciones públicas.

b) Los sindicatos o entes sindicales, afiliados, federados o confederados a una organización sindical de ámbito estatal que tenga la consideración de más representativa de acuerdo con lo previsto en la letra a).

3. Las organizaciones que tengan la consideración de sindicato más representativo según el número anterior, gozarán de capacidad representativa a todos los niveles territoriales y funcionales para:

a) Ostentar representación institucional ante las Administraciones públicas u otras entidades y organismos de carácter estatal o de Comunidad Autónoma que la tenga prevista.

b) La negociación colectiva, en los términos previstos en el Estatuto de los Trabajadores.

c) Participar como interlocutores en la determinación de las condiciones de trabajo en las Administraciones públicas a través de los oportunos procedimientos de consulta o negociación.

d) Participar en los sistemas no jurisdiccionales de solución de conflictos de trabajo.

e) Promover elecciones para delegados de personal y comités de empresa y órganos correspondientes de las Administraciones públicas.

f) Obtener cesiones temporales del uso de inmuebles patrimoniales públicos en los términos que se establezcan legalmente.

g) Cualquier otra función representativa que se establezca».

Art. 7.1 de la LOLS

«1. Tendrán la consideración de sindicatos más representativos a nivel de Comunidad Autónoma:

a) Los sindicatos de dicho ámbito que acrediten en el mismo una especial audiencia expresada en la obtención de, al menos, el 15 por 100 de los delegados de personal y de los representantes de los trabajadores en los comités de empresa, y en los órganos correspondientes de las Administraciones públicas, siempre que cuenten con un mínimo de 1.500 representantes y no estén federados o confederados con organizaciones sindicales de ámbito estatal;

b) los sindicatos o entes sindicales afiliados, federados o confederados a una organización sindical de ámbito de Comunidad Autónoma que tenga la consideración de más representativa de acuerdo con lo previsto en la letra a)».

RESOLUCIÓN RELEVANTE

STC n.º 263/1994, de 3 de octubre, ECLI:ES:TC:1994:263

El Tribunal Constitucional establece aplicando el apdo. 1.b) del artículo 9 de la LOLS que se reserva la excedencia forzosa únicamente a los trabajadores que desempeñan cargos sindicales de nivel provincial o superior «en las organizaciones sindicales más representativas», cualidad que, según se desprende de las afirmaciones del recurrente y de las resoluciones judiciales de origen, no ostentaba el sindicato al que pertenecía el actor. Y, conviene recordar (como lo hacen las resoluciones judiciales mencionadas), este régimen jurídico es implantado por el citado apdo. 1.b) del artículo 9 LOLS donde se remite al art. 46 del ET en lo tocante a la naturaleza de la excedencia reconocida a estos trabajadores.

3.2.4. Excedencia forzosa por el cumplimiento de un deber público

Concepto de deber público

Habla el legislador de deber inexcusable público, y remite para el caso de que el cumplimiento de tal deber impida la prestación de trabajo en más de un 20 %, al artículo 46.1 del Estatuto de los Trabajadores que regula las excedencias.

La doctrina, con fundamento en las normas legales correspondientes, incluye en este supuesto (STSJ Galicia, rec. 1094/2017, de 14 de julio de 2017, ECLI:ES:TSJGAL:2017:5127):

- El ejercicio del sufragio activo, que cita el propio artículo 37 del ET.

- La participación en una mesa electoral (en este supuesto se incluyen los presidentes y vocales de las mesas electorales, los interventores y los apoderados de cada mesa (Ley Orgánica 3/1985, de 29 de mayo).

- La intervención como miembro de un Jurado (Ley Orgánica 5/1985, de 19 de junio).

- La intervención como testigo en un juicio, tanto en el proceso civil (art. 292 de la LEC), como en el proceso penal (art. 410 y 707 de la LEC) y en el laboral (D.F. 4.ª de la LRJS).

- La asistencia a juicio como demandante.

- El desempeño de un cargo político para el que haya sido elegido, designado o nombrado.

|| Características

El art. 37.3.d) del ET, recoge el derecho que tiene el trabajador a los permisos «por el tiempo indispensable para el cumplimiento de un deber inexcusable de carácter público y personal, comprendido el ejercicio de sufragio activo». Cuando conste en una norma legal o convencional un período determinado, se estará a lo que ésta disponga en cuanto duración de la ausencia y a su compensación económica.

Cuando el cumplimiento del deber antes referido suponga la imposibilidad de la prestación del trabajo debido en más de veinte por ciento de las horas laborables en un periodo de tres meses, podrá la empresa pasar al trabajador afectado a la situación de excedencia regulada en el art. 46.1 del ET.

En el supuesto de que el trabajador, por cumplimiento del deber o desempeño del cargo, perciba una indemnización, se descontará el importe de la misma del salario a que tuviera derecho en la empresa.

RESOLUCIÓN RELEVANTE

STSJ de Andalucía n.º 366/2016, de 18 de mayo de 2016, ECLI:ES:TSJAND:2016:4544

«Según el TSJ Andalucía las ausencias al trabajo por cumplir un deber público, a pesar de no estar previstas en el ex art. 52 d) del Estatuto de los Trabajadores, han de excluirse del cómputo del absentismo [por equiparación al ejercicio de funciones de representación de los trabajadores], sin embargo al no existir una exclusión expresa en la norma, no puede justificarse que la ausencia para ejercer un cargo público se valore de forma igualitaria que la ausencia de un representante unitario o sindical. Procede computar las ausencias laborales por ejercer cargo público por jornadas completas a efectos de absentismo, no por minutos u horas como se establece para los representantes de los trabajadores».

3.3. Excedencia voluntaria

La excedencia voluntaria es una modalidad de excedencia regulada por el art. 46 del Estatuto de Trabajo que permite al trabajador suspender la relación laboral por cualquier interés personal o profesional, siempre que sea compatible con las exigencias de la buena fe contractual. Se trata de un derecho preferente al reingreso, condicionado a la existencia de vacantes, y con un plazo que no puede ser menor a cuatro meses ni superior a cinco años. El trabajador no tendrá derecho a remuneración alguna y el periodo en que el trabajador permanezca en esta situación no será computable a efectos de antigüedad, cotizaciones o prestaciones sociales.

3.3.1. Excedencia voluntaria por interés particular

Ciñéndonos a la denominada «excedencia voluntaria común», la causa de la misma no es objeto de especificación en el art. 46.2 del ET, que se limita a reconocer el derecho del trabajador «con al menos una antigüedad en la empresa de un año» a que «se le reconozca la posibilidad de situarse en excedencia voluntaria» (como hemos citado a lo largo de la obra). Ello equivale a decir que cualquier interés personal o profesional de trabajador puede justificar esta modalidad de excedencia, siempre que sea compatible con las exigencias de la buena fe contractual. En buena parte de los casos, como observa atinadamente la sentencia de suplicación impugnada, los períodos de excedencia se utilizan por los trabajadores como medio legítimo de promoción o experiencia profesional en otro trabajo por cuenta propia o por cuenta ajena.

El núcleo principal del régimen jurídico de la excedencia voluntaria común se encuentra en el precepto del art. 46.5 del ET, donde se afirma que el «trabajador excedente conserva sólo un derecho preferente al reingreso en las vacantes de igual o similar categoría a la suya que hubiera o se produjeran en las empresas». Se trata con toda seguridad de un derecho profesional distinto al que se reconoce en las situaciones suspensivas del art. 45 del ET. Evidentemente no es lo mismo un derecho preferente al reingreso, condicionado a la existencia de vacantes, que un derecho incondicional a la reserva del puesto. (STSJ Madrid n.º 795/2011, de 6 de octubre de 2011, ECLI:ES:TSJM:2011:12511).

Las **especificaciones** aplicables a las que podríamos denominar «excedencias voluntarias ordinarias» se regulan en el art. 46.2 del ET:

- Su duración será por un **plazo no menor a cuatro meses ni superior a cinco años**. Una vez transcurrido el plazo por el que se le reconoció la excedencia al trabajador la suspensión del contrato se mantiene indefinidamente hasta que no se produzca tal vacante.
- Es el trabajador el que, de forma voluntaria, decide colocarse en esta situación por cuestiones personales.
- No se reconoce derecho a reserva de puesto de trabajo, sino derecho a reingreso preferente cuando haya vacante de igual categoría.
- El trabajador no tendrá derecho a remuneración alguna.
- Requiere al menos un año de antigüedad.
- Se concede por un plazo no menor a cuatro meses y no mayor a cinco años.
- Este derecho solo podrá ser ejercitado otra vez por el mismo trabajador si han transcurrido cuatro años desde el final de la anterior excedencia voluntaria.
- Requiere al menos un año de antigüedad.
- El periodo en que el trabajador permanezca en esta situación no será computable a efectos de antigüedad, cotizaciones o prestaciones sociales.

JURISPRUDENCIA

STS, rec. 4799/2004, de 14 de febrero de 2006, ECLI:ES:TS:2006:2001

La excedencia voluntaria común no comporta para el empresario el deber de reservar al trabajador excedente el puesto de trabajo desempeñado con anterioridad.

El empresario, por tanto, puede disponer de la plaza vacante, bien contratando a otro trabajador para el desempeño de esta, bien reordenando los cometidos laborales que la integran, bien incluso procediendo a la amortización de la misma. Desde el punto de vista del trabajador, el derecho «expectante» del excedente voluntario común sólo puede ejercerse de manera inmediata cuando el mismo puesto de trabajo u otro similar o equivalente se encuentra disponible en la empresa.

Solicitud de prestación por desempleo durante la suspensión de la relación laboral por excedencia voluntaria

Cuando el trabajador solicite excedencia voluntaria y antes de la finalización de la misma, por haber perdido el puesto para el que había solicitado la citada excedencia, inste el reingreso sin obtener respuesta favorable. El Tribunal Supremo ha confirmado la situación legal de desempleo al considerar involuntaria la pérdida de ocupación. Asimismo, a los efectos de determinar la duración de la prestación, deben computar las cotizaciones efectuadas en virtud del contrato que se mantiene en suspenso.

Indemnización de daños y perjuicios por falta de reincorporación o reincorporación tardía

De la doctrina jurisprudencial en la materia se extraen los siguientes puntos:

1. Se presume que la reincorporación tardía del trabajador excedente da lugar a una indemnización de daños y perjuicios.

2. La cuantía de la indemnización se cifra en principio en los salarios dejados de percibir a causa de la conducta de incumplimiento de la empresa desde la conciliación o reclamación administrativa previas a la reclamación judicial, o desde este última si por una u otra razón se ha interpuesto antes.

3. Corresponde al trabajador la acreditación de daños y perjuicios superiores que considere se han producido.

4. Corresponde al empresario la acreditación de los hechos impeditivos de las indemnizaciones reclamadas.

Ampliación de supuestos vía convenio colectivo

La situación de excedencia podrá extenderse a otros supuestos colectivamente acordados, con el régimen y los efectos que allí se prevean.

3.3.2. Excedencia pactada de mutuo acuerdo

Las partes pueden establecer motivos de suspensión del contrato siempre que no supongan abuso de derecho. Esta modalidad de excedencia se encuentra ligada a la posibilidad de que empresario y persona trabajadora pacten de mutuo acuerdo la suspensión temporal del contrato en las condiciones, y, por lo tanto, el período de tiempo y otras condiciones estarán sujetos al acuerdo alcanzado.

Salvo pacto en contrario el empresario estará exento de cotizar a la Seguridad Social durante ese periodo.

Este tipo de acuerdos serán válidos mientras no resulten contrarias a la ley, a la moral, al orden público o a las buenas costumbres, por suponer una **manifestación del principio de autonomía de la voluntad de las partes**, que no supone disposición por el trabajador de derecho irrenunciable alguno, ni entraña abuso de derecho en perjuicio del mismo. (STSJ Asturias n.º 1600/2004, de 7 de mayo de 2004, ECLI:ES:TSJAS:2004:2448).

Los apdos. 1 a) y b) del art. 45 del ET, establecen:

- Empresario y trabajador son libres para dejar en suspenso la relación laboral por el tiempo deseado. Será el acuerdo de las partes el que fije la duración y efectos de la suspensión del contrato.

- El periodo de ausencia del trabajador no será retribuido salvo pacto en contrario. Si existiese retribución esta no podría ser considerada salario.

- La reincorporación se realizará en el momento acordado por las partes.

- Es posible pactar una suspensión del contrato sin reserva del puesto de trabajo, con lo que la situación se asimilaría en sus efectos a las excedencias voluntarias.

- Salvo pacto en contrario, la suspensión implica la baja en la Seguridad Social y exime al empresario de cotización.

3.3.3. Excedencia especial establecida por convenio colectivo

En desarrollo del art. 46.6 del ET, con el régimen y los efectos que por convenio se prevean, la situación de excedencia podrá extenderse a otros supuestos colectivamente acordados. Algunos ejemplos que encontramos en la negociación colectiva son:

- **Excedencia especial por causas médicas y de promoción profesional**. El art. 56.2.c) del convenio colectivo de ámbito estatal para las empresas de mediación de seguros privados 2023-2026 (BOE 15/11/2023), reconoce la persona trabajadora con al menos un año de antigüedad en la empresa el derecho a que se le reconozca en situación de excedencia, cuya duración no será inferior a tres meses ni superior a un año, siempre que su causa venga motivada por alguna de las siguientes circunstancias:

  • **Necesidad de tratamiento médico** por causas de rehabilitación o recuperación no comprendidas en una situación de incapacidad laboral temporal reconocida por el Régimen General de la Seguridad Social.

  • **Realización de estudios relacionados con el cometido profesional desempeñado o a desempeñar en la empresa**, así como con su proyección profesional en la misma. Para este supuesto la persona trabajadora deberá tener al menos una antigüedad de dos años en la empresa y no podrá volver a ser solicitada por la persona trabajadora hasta que transcurran tres años desde el final de la anterior.

– **Excedencia especial.** El art. 13 del convenio colectivo de trabajo para oficinas de cámaras, colegios, asociaciones e instituciones (BOR Murcia 30/05/2002), reconoce a todos los trabajadores con diez años de antigüedad el derecho a un excedencia especial con derecho a volver a su puesto de trabajo en las mismas condiciones que anteriormente tenía, siempre que lo comunique por escrito a la empresa con dos meses de antelación.

– **Excedencia por fallecimiento.** El art. 29 del convenio colectivo estatal para las empresas del comercio de flores y plantas (BOE 03/09/2021), reconoce el derecho a una excedencia no remunerada por fallecimiento del cónyuge o pareja de hecho de la persona trabajadora (quedando algún hijo menor de 14 años) por una duración máxima de sesenta días naturales.

3.3.4. Excedencia voluntaria por cuidado de hijo o familiar

Junto a las anteriores, la norma configura dos supuestos específicos con regulación propia en el art. 46.3 del ET, la **excedencia voluntaria por cuidado de hijo** y la **excedencia voluntaria por cuidado de familiar**, configurados con una serie de características comunes, pero con una duración distinta.

3.3.4.1. Estudio conjunto de las excedencias por cuidado de hijo o familiar

Como **aspectos en común:**

– **Antigüedad:** el período en que el trabajador permanezca en situación de excedencia será computable a efectos de antigüedad.

– **Asistencia a cursos de formación profesional:** el trabajador tendrá derecho a la asistencia a cursos de formación profesional, a cuya participación deberá ser convocado por el empresario, especialmente con ocasión de su reincorporación (cuya finalidad es evitar la pérdida por parte del trabajador excedente de sus aptitudes profesionales, que pudieran verse afectadas por cambios productivos, tecnológicos, etc.).

– **Solicitud de reincorporación:** la solicitud ha de presentarse con un mínimo de un mes de antelación a la finalización del periodo de excedencia (salvo especificación de convenio). El empleado temporal tendrá derecho a reingreso y reserva de puesto siempre que continúe la relación laboral.

– El **reingreso** al puesto de trabajo deberá ser notificada antes del término del periodo de excedencia. No obstante, los convenios colectivos pueden establecer:

  • La necesidad de un plazo de preaviso cuya ausencia implique la pérdida del derecho al reingreso. (STS, rec. 316/2002, de 18 de septiembre, ECLI:ES:TS:2002:5948).

- • La necesidad de un plazo de preaviso sin prever ningún tipo de consecuencia en caso de incumplimiento. (STS, rec. 1053/2010 de 24 de febrero de 2011, ECLI:ES:TS:2011:1287).

- **Derecho preferente al reingreso**: durante el primer año tendrá derecho a la reserva de su puesto de trabajo. Transcurrido dicho plazo, la reserva quedará referida a un puesto de trabajo del mismo grupo profesional o categoría equivalente. En este caso, por tanto, debemos distinguir **dos situaciones**: el primer año y el resto de la excedencia.

- **Durante el primer año de excedencia el trabajador tiene derecho a la reserva de «su» puesto de trabajo**, entendido como el puesto que desempeñaba con anterioridad a la situación de excedencia. Los tribunales han establecido que durante el primer año el reingreso es automático y no supeditado a la existencia de vacante, debiendo ser en la misma categoría, con la misma retribución y disfrute de las mismas condiciones anteriores (STSJ de Baleares n.º 373/1991, de 20 diciembre de 1991, ECLI:ES:TSJBAL:1991:2), sin ser posible ni siquiera un cambio de turno.

- Una vez **finalizado el primer año de excedencia la protección o garantía se aminora, de forma que el trabajador tiene derecho a la reserva de un puesto de trabajo del mismo grupo profesional o categoría equivalente**, por lo que se condiciona el reingreso al hecho que se produzca vacante, manteniéndose en este período el derecho a antigüedad y a recibir cursos de formación por parte de la empresa.

  - • El trabajador en excedencia voluntaria conserva solo un derecho preferente al reingreso en las vacantes de igual o similar categoría a la suya que hubiera o se produjeran en la empresa.

  - • Cuando la persona trabajadora forme parte de una familia que tenga reconocida la condición de **familia numerosa**, la reserva de su puesto de trabajo se extenderá hasta un máximo de quince meses cuando se trate de una familia numerosa de categoría general, y hasta un máximo de dieciocho meses si se trata de categoría especial. Cuando la persona ejerza este derecho con la misma duración y régimen que el otro progenitor, la reserva de puesto de trabajo se extenderá hasta un máximo de dieciocho meses.

- **Limitación al ejercicio simultáneo por razones justificadas**: el empresario está obligado a reconocer la excedencia si se cumplen los requisitos constitutivos del derecho. No obstante, si dos o más trabajadores de la misma empresa generasen este derecho por el mismo sujeto causante, el empresario podrá limitar su ejercicio simultáneo por razones justificadas de funcionamiento de la empresa.

- **Sucesión de excedencias o disfrute fraccionado:** Cuando un nuevo sujeto causante diera derecho a un nuevo periodo de excedencia, el inicio de la misma dará fin al que, en su caso, se viniera disfrutando. La duración podrá disfrutarse de forma fraccionada.

- **Cotización**: la empresa no tiene obligación de cotizar durante dichos periodos de excedencia, no obstante, la Seguridad Social considera estas situaciones como cotizadas para determinadas prestaciones.

Como **aspectos diferenciadores**:

La **excedencia voluntaria por cuidado de hijo**:

- **Sujetos que originan el nacimiento de la excedencia**: supone una suspensión del contrato de trabajo para atender al cuidado de cada hijo, tanto lo sea por naturaleza, como por adopción o en supuestos de acogimiento, preadoptivo o permanente, aunque sean provisionales.

- **Duración máxima**: 3 años a contar desde la fecha de nacimiento o, en su caso, de la resolución o acogimiento tanto permanente como preadoptivo, aunque estos sean provisionales.

- **Cotización durante el periodo de excedencia**: los períodos de hasta tres años de excedencia que los trabajadores, de acuerdo con el art. 46.3 del ET, disfruten en razón del cuidado de cada hijo o menor en régimen de acogimiento permanente o de guarda con fines de adopción, tendrán la consideración de periodo de cotización efectiva a efectos de las correspondientes prestaciones de la Seguridad Social por jubilación, incapacidad permanente, muerte y supervivencia, maternidad y paternidad (art. 237.1 LGSS).

> **A TENER EN CUENTA.** Esta excedencia genera idénticos efectos a los ya señalados para la excedencia por cuidado de familiares, con la salvedad de un periodo máximo de disfrute limitado a tres años. También en este supuesto la negociación colectiva puede ampliar la duración de la excedencia fijando el régimen jurídico aplicable.

CUESTIONES

1. ¿Qué ocurre ante la negativa o la falta de respuesta a la solicitud por parte de la empresa?

La excedencia voluntaria no podría ejercerse de forma unilateral por la persona trabajadora toda vez que requiere del previo reconocimiento del derecho por parte de la empresa o en su defecto de una declaración positiva de la autoridad judicial.

El supuesto planteado es habitual y suelen darse dos situaciones:

- La persona trabajadora continúa prestando servicio y procede a la impugnación judicial de la denegación o falta de contestación ante los Tribunales, solicitando daños y perjuicios.

- La persona trabajadora opta de forma unilateral por situarse de excedencia sin la autorización empresarial pertinente. A pesar de entenderse justificadas en este caso medidas disciplinarias (incluso el despido disciplinario por ausencias no justificadas), corresponderá al Juez de lo Social en caso de reclamación por parte del trabajador valorar las circunstancias concurrentes en orden a poder salvaguardar el derecho a la excedencia. Es decir, se valorará una posible actuación en base a la buena o mala fe de las partes implicadas y la posible existencia de derecho/necesidad a excedencia frente al derecho a organización de la actividad productiva de la empresa.

Hay que aclarar que una falta de contestación a la solicitud por parte de la empresa, existiendo tiempo suficiente para organizar y cubrir el puesto del trabajador excedente, presume mala fe por entenderse que esa actitud —como la denegación cuando no existe causa justificada— implica un posible abandono voluntario del trabajo.

2. ¿La empresa debe ofrecer puestos temporales a los trabajadores en excedencia voluntaria pendientes de reincorporación?

La STS n.º 703/2022, del 7 de septiembre de 2022, ECLI:ES:TS:2022:3353, analiza si el trabajador excedente voluntario, cuyo puesto de trabajo continúa vacante, sin que la empresa haya intentado su cobertura con arreglo al convenio y, habiendo realizado contrataciones temporales de puestos del mismo nivel que el demandante, tiene derecho a la reincorporación a la empresa o, por el contrario, no procede dicha reincorporación hasta que no se cumpla el procedimiento de reincorporación de excedentes regulado en el convenio. Para el Alto Tribunal, salvo especificación por convenio, la empresa no tiene obligación de llamar al excedente para cubrir plazas temporales.

La **excedencia voluntaria por cuidado de familiar:**

– **Sujetos que originan el nacimiento de la excedencia:** para atender al cuidado del cónyuge o pareja de hecho, o de un familiar hasta el segundo grado de consanguinidad y por afinidad, incluido el familiar consanguíneo de la pareja de hecho, que por razones de edad, accidente, enfermedad o discapacidad no pueda valerse por sí mismo, y no desempeñe actividad retribuida. Esta opción, **con efectos de 30/06/2023**, incluye la cobertura a la pareja de hecho en el derecho a excedencia por cuidado de familiar.

– **Duración máxima:** no superior a 2 años salvo que se establezca una duración superior a través de la negociación colectiva.

– **Cotización durante el periodo de excedencia: con efectos de 18/03/2023** se han igualado los periodos de cotización efectiva a efectos de las prestaciones de seguridad social por jubilación, incapacidad permanente, muerte y supervivencia y nacimiento y cuidado de menor. Para el acceso a estas prestaciones, se considerarán efectivamente cotizados los tres primeros años del período de excedencia (art. 237.2 LGSS, **con efectos de 18/03/2023**).

> **A TENER EN CUENTA.** Esta excedencia genera idénticos efectos a los ya señalados para la excedencia por cuidado de hijos, con la salvedad de un periodo máximo de disfrute limitado a dos años. También en este supuesto la negociación colectiva puede ampliar la duración de la excedencia fijando el régimen jurídico aplicable.

JURISPRUDENCIA

STS, rec. 95/2010, de 23 de julio, ECLI:ES:TS:2010:4601

Se discute si un trabajador que solicitó una excedencia voluntaria por treinta meses tiene derecho a prorrogar esta excedencia, preavisando un mes antes de su finalización, por un nuevo período de treinta meses. La Sala recuerda su doctrina ya sentada en anteriores decisiones, en el sentido de que el derecho a la excedencia constituye una facultad de suspensión unilateral del contrato por parte del trabajador que ha de verse como excepcional, en el marco de un contrato sinalagmático, por lo que ha de entenderse que el trabajador tiene derecho a solicitar un único período de excedencia entre dos y cinco años, de tal forma que concederle el derecho a una prórroga, sería como reconocerle el derecho a una nueva excedencia, cuando la norma exige su reincorporación a la empresa y el transcurso de dos años para poder volver a hacer uso del derecho.

STS, rec. 148/2014 de 4 de febrero de 2015, ECLI:ES:TS:2015:1374

Dictada en un procedimiento sobre reingreso tras una excedencia voluntaria, en el que se debate sobre el importe de la indemnización de daños y perjuicios por readmisión extemporánea. Consta en la misma que el trabajador prestó servicios para varias empresas durante el tiempo de excedencia e, incluso, percibió prestaciones de desempleo. La cuestión que se suscita en contradicción y que la Sala resuelve radica en la determinación de si procede descontar de la aludida indemnización lo percibido en otro trabajo durante el tiempo en que el trabajador estuvo sin reincorporar, siendo esta la única cuestión debatida por la Sala. Se reitera la doctrina unificada de que la cuantía de la indemnización se cifra en los salarios dejados de percibir desde la conciliación o reclamación administrativa previas a la reclamación judicial, y que corresponde al trabajador acreditar los daños y perjuicios superiores que se han producido, así como al empresario los hechos impeditivos de las indemnizaciones reclamadas. **En virtud de esa doctrina la Sala IV excluye del cálculo de la indemnización el periodo correspondiente a los servicios prestados por cuenta de otra empresa.**

3.3.4.2. Excedencia voluntaria por cuidado de hijo

El artículo 46.3 del Estatuto de los Trabajadores (ET) establece la regulación de la excedencia por cuidado de hijos o familiares como un derecho individual de los trabajadores, hombres o mujeres. El periodo de excedencia que se disfrutará no debe ser superior a tres años. Si dos o más trabajadores de la misma empresa generan este derecho por el mismo sujeto causante, el empresario podrá limitar su ejercicio simultáneo. Adicionalmente, si la persona trabajadora forma parte de una familia numerosa, la reserva de su puesto de trabajo se extenderá hasta un máximo de quince meses para familias numerosas de categoría general, y hasta un máximo de dieciocho meses para categoría especial.

Habiendo analizado de forma conjunta los distintos tipos de excedencia relacionados con el cuidado de hijos o familiares, desarrollamos ahora los extremos más controvertidos según la práctica para este tipo de excedencia, lo que supondrá un repaso de algunas de las características generales:

Regulación de la excedencia por cuidado de hijo

El art. 46.3 del ET establece:

«3. Los trabajadores tendrán derecho a un periodo de excedencia de duración no superior a tres años para atender al cuidado de cada hijo, tanto cuando lo sea por naturaleza, como por adopción, o en los supuestos de guarda con fines de adopción o acogimiento permanente, a contar desde la fecha de nacimiento o, en su caso, de la resolución judicial o administrativa.

(...)

«La excedencia contemplada en el presente apartado, cuyo periodo de duración podrá disfrutarse de forma fraccionada, constituye un derecho individual de los trabajadores y trabajadoras. No obstante, si dos o más personas trabajadoras de la misma empresa generasen este derecho por el mismo sujeto causante, la empresa podrá limitar su ejercicio simultáneo por razones fundadas y objetivas de funcionamiento debidamente motivadas por escrito debiendo en tal caso la empresa ofrecer un plan alternativo que asegure el disfrute de ambas personas trabajadoras y que posibilite el ejercicio de los derechos de conciliación. Cuando un nuevo sujeto causante diera derecho a un nuevo periodo de excedencia, el inicio de la misma dará fin al que, en su caso, se viniera disfrutando.

El periodo en que la persona trabajadora permanezca en situación de excedencia conforme a lo establecido en este artículo será computable a efectos de antigüedad y el trabajador tendrá derecho a la asistencia a cursos de formación profesional, a cuya participación deberá ser convocado por la empresa, especialmente con ocasión de su reincorporación. Durante el primer año tendrá derecho a la reserva de su puesto de trabajo. Transcurrido dicho plazo, la reserva quedará referida a un puesto de trabajo del mismo grupo profesional o categoría equivalente.

No obstante, cuando la persona trabajadora forme parte de una familia que tenga reconocida la condición de familia numerosa, la reserva de su puesto de trabajo se extenderá hasta un máximo de quince meses cuando se trate de una familia numerosa de categoría general, y hasta un máximo de dieciocho meses si se trata de categoría especial. Cuando la persona ejerza este derecho con la misma duración y régimen que el otro progenitor, la reserva de puesto de trabajo se extenderá hasta un máximo de dieciocho meses».

Este precepto puede ser mejorado o concretado por convenio colectivo.

Duración de la excedencia por cuidado de hijo

Período de suspensión de la relación laboral (tanto del padre como de la madre, de modo sucesivo o simultáneo), por una duración no superior a tres años, para atender al cuidado de cada hijo.

– **Periodo máximo:** 3 años desde el nacimiento (con reserva de puesto) o la establecida por convenio colectivo de aplicación. El Estatuto de los Trabajadores (art. 46.3 del ET) establece, una duración máxima «no superior a tres años» a contar desde la fecha de nacimiento o, en su caso, de la resolución judicial o administrativa, para los casos de adopción o acogimiento tanto permanente como preadoptivo, aunque éstos sean provisionales. El Tribunal Supremo ha estimado que la normativa aplicable en cuanto a la duración y derecho al reingreso de una excedencia voluntaria será la del convenio vigente en el momento de inicio de la excedencia, debiendo aplicarse sólo la normativa de un convenio posterior cuando éste lo establezca expresamente.

– **Periodo mínimo:** no existe duración mínima para la excedencia. Puede disfrutarse de forma fraccionada dentro del plazo legal de duración.

Condiciones de acceso y efectos de la excedencia por cuidado de hijo

Se trata del ejercicio de un derecho de naturaleza voluntaria, en la medida que para ser efectiva debe de ser solicitada por el trabajador, teniendo como causa el cuidado de hijos bien por «naturaleza» o bien por «adopción».

El período en que el trabajador permanezca en situación de excedencia será computable a efectos de **antigüedad**.

El trabajador tendrá derecho a la asistencia a **cursos de formación profesional**, a cuya participación deberá ser convocado por el empresario, especialmente con ocasión de su reincorporación (cuya finalidad es evitar la pérdida por parte del trabajador excedente de sus aptitudes profesionales, que pudieran verse afectadas por cambios productivos, tecnológicos, etc.).

Como hemos reiterado, debemos distinguir dos situaciones: el primer año y el resto de la excedencia.

Reingreso y «reserva del puesto de trabajo» en la excedencia por cuidado de hijo

La norma específica que **durante el primer año la persona trabajadora tendrá derecho a la reserva de su puesto de trabajo. Transcurrido dicho plazo, la reserva quedará referida a un puesto de trabajo del mismo grupo profesional o categoría equivalente** (cuando la persona trabajadora forme parte de una familia numerosa, la reserva de su puesto de trabajo se extenderá hasta un máximo de 15 meses cuando se trate de una familia numerosa de categoría general, y hasta un máximo de 18 meses si se trata de categoría especial. Cuando la persona ejerza este derecho con la misma duración y régimen que el otro progenitor, la reserva de puesto de trabajo se extenderá hasta un máximo de 18 meses).

Atendiendo a la **STS n.º 312/2023, de 26 de abril del 2023, ECLI:ES:TS:2023:2087** (donde se reitera el criterio de la STS, rec. 740/2012, de 21 de febrero de 2013, ECLI:ES:TS:2013:1099 y la STS, rec. 2043/2012, de 23 de septiembre de 2013, ECLI:ES:TS:2013:5405), en caso de excedencia por cuidado de hijo el derecho al reingreso es incondicional y no vinculado a que haya vacantes. Es decir, existe siempre reserva del puesto de trabajo, y en su consecuencia, por imperativo legal, la empresa está obligado a reservarlo, si bien durante el **primer año la reserva es del mismo puesto de trabajo que el trabajador venía desempeñando, y una vez superado el primer año, la reserva queda referida un puesto de trabajo del mismo grupo profesional o categoría equivalente.**

A TENER EN CUENTA. En caso de excedencia por cuidado de hijos, con independencia de que exista o no vacante en la empresa, el trabajador excedente por cuidado de hijos tiene derecho a la reserva de su puesto de trabajo durante el primer año de la excedencia, y al reingreso incondicionado a un puesto de su mismo grupo profesional o categoría equivalente en los dos años siguientes.

La solicitud ha de presentarse **con un mínimo de un mes de antelación a la finalización del periodo de excedencia** (salvo especificación de convenio).

En caso de no solicitar el reingreso, en tiempo y forma reglamentario o especificado en convenio, el trabajador será considerado en situación de excedencia voluntaria.

El empleado temporal tendrá derecho a reingreso y reserva de puesto siempre que continúe la relación laboral.

Negativa de la empresa al reingreso en la excedencia por cuidado de hijo

La eventual negativa de la empresa al reingreso solo puede calificarse como despido cuando efectivamente suponga una manifestación de voluntad de dar por extinguida definitivamente la relación laboral, pero no en los casos en los que la respuesta a la petición del trabajador sea únicamente la de negar el derecho al reingreso sin cuestionar la vigencia y el mantenimiento de la relación laboral. De lo que se deriva, que el procedimiento judicial oportuno debe ajustarse a la naturaleza jurídica de esa actuación empresarial, mediante el ejercicio de la acción de despido en el primer caso, y a través de la acción declarativa del derecho al reingreso en el segundo (STS n.º 312/2023, de 26 de abril del 2023, ECLI:ES:TS:2023:2087).

Para aclarar la negativa de la empresa al reingreso tras el período de excedencia voluntaria, puede citarse, por un lado, la STS, rec. 790/1994, de 19 de octubre de 1994, ECLI:ES:TS:1994:6698, que, a su vez cita la sentencia de 4 de abril de 1991, ECLI:ES:TS:1991:1959, en la que se establece un **criterio claro de diferenciación entre despido y negativa al reingreso en la excedencia**, declarando que cuando el trabajador solicita el reingreso y la empresa no contesta su petición o la rechaza pretextando falta de vacantes o circunstancias análogas que no suponen el desconocimiento del vínculo existente entre las partes, el trabajador podrá ejercitar la acción de reingreso, mientras que cuando se produce una negativa rotunda e inequívoca que implica el rechazo de la existencia de la relación entre las partes, esta negativa no es ya únicamente un desconocimiento del derecho a la reincorporación, sino un rechazo de la existencia de algún vínculo entre las partes, y la acción que debe ser ejercitada frente a ella es la de despido; y, por otro, la STS, rec. 2507/1995, de 23 de enero de 1996, ECLI:ES:TS:1996:307, en la que se razona que ante la negativa empresarial a la petición de reingreso desde la situación de excedencia voluntaria quedan abiertas al trabajador dos vías, alternativas y no optativas, para impugnar tal decisión: el proceso de despido cuando dicha negativa, por las circunstancias en que se produce, manifiesta no el mero rechazo del derecho a la reincorporación, sino voluntad inequívoca, aunque se produzca tácitamente, de tener por extinguido el vínculo laboral hasta entonces en suspenso; y el proceso ordinario en aquellos otros supuestos en que la negativa denota simple desconocimiento del mencionado derecho, pero sin negar la persistencia de la relación de trabajo, aunque con voluntad de que se conserve en suspenso, y que la utilización en uno y otro caso de las mencionadas vías no queda al arbitrio del trabajador al que se niega su eventual derecho al reingreso; para que su pretensión alcance éxito, resulta obligado seguir la procedente, pues son distintas las reglas aplicables y las consecuencias que derivan de la diferente postura adoptada por la empresa al responder, expresa o tácitamente, a la petición efectuada por el excedente voluntario en orden a su reingreso. (STSJ Andalucía n.º 984/2006, de 3 de abril de 2006 ECLI:ES:TSJAND:2006:2516).

En el caso de excedencia voluntaria la Sala IV del TS viene distinguiendo dos tipos de actitudes de la empresa ante la solicitud de reingreso:

– Cuando la empresa se niega al mismo, en cuyo caso la acción a ejercitar para impugnar tal decisión empresarial es la de despido. Con aplicación de tal interpretación jurisprudencial, al vencimiento del año natural sin recibir respuesta la acción a ejercitar sería la de despido y esta caducaría a los 20 días de la citada fecha de vencimiento (STSJ de Murcia n.º 561/2014, de 23 de junio de 2014, ECLI:ES:TSJMU:2014:1492).

– Cuando la empresa no se niega al reingreso, pero lo demora pretextando la inexistencia de vacante o cualquier otra causa, en cuyo caso cabe ejercitar una acción declarativa del derecho a reingresar, con la posibilidad de reclamar, así mismo, la indemnización de los perjuicios sufridos. (STS, rec. 2043/2012, de 23 de septiembre de 2013, ECLI:ES:TS:2013:5405).

Cotización para determinadas prestaciones durante la excedencia por cuidado de hijo

La empresa no tiene obligación de cotizar, no obstante, la Seguridad Social considera como cotizado el periodo a efectos de determinadas prestaciones.

Los períodos de hasta tres años de excedencia que los trabajadores disfruten en razón del cuidado de cada hijo o menor en régimen de acogimiento permanente o de guarda con fines de adopción, tendrán la consideración de periodo de cotización efectiva a efectos de las correspondientes prestaciones de la Seguridad Social por **jubilación, incapacidad permanente, muerte y supervivencia, maternidad y paternidad** (art. 237.1 de la LGSS).

Cuando esta situación de excedencia hubiera estado precedida por una reducción de jornada en los términos previstos en el art. 37.6 del Estatuto de los Trabajadores, a efectos de la consideración como cotizados de los períodos de excedencia que correspondan, las cotizaciones realizadas durante la reducción de jornada se computarán incrementadas hasta el 100 por cien de la cuantía que hubiera correspondido si se hubiera mantenido sin dicha reducción la jornada de trabajo (art. 237.4 de la LGSS).

La situación de excedencia por período no superior a tres años para atender al cuidado de cada hijo tendrá la consideración de situación asimilada al alta para obtener las **prestaciones por desempleo.** Dicho período no podrá computarse como de ocupación cotizada para obtener las prestaciones por desempleo, pero a efectos de este cómputo se podrá retrotraer el período de los seis años anteriores a la situación legal de desempleo, o al momento en que cesó la obligación de cotizar (art. 4 de la Ley 4/1995, de 23 de marzo).

Especificaciones en caso de excedencia por cuidado de hijo

– **Ampliación de la reserva de su puesto de trabajo en casos de familia numerosa:** cuando la persona trabajadora forme parte de una familia que tenga reconocida la condición de familia numerosa, la reserva de su puesto de trabajo se extenderá hasta un máximo de quince meses cuando se trate de una familia numerosa de categoría general, y hasta un máximo de dieciocho meses si se trata de categoría especial. Cuando la persona ejerza este derecho con la misma duración y régimen que el otro progenitor, la reserva de puesto de trabajo se extenderá hasta un máximo de dieciocho meses.

– **Disfrute fraccionado de las excedencias por cuidado de hijos o de familiares:** ambas excedencias podrán disfrutarse de forma fraccionada lo que permite al trabajador disfrutar de su derecho en varios períodos. La negociación colectiva debería concretar las condiciones de disfrute de este derecho a fraccionar la excedencia.

– **Sucesión de excedencias. Posibilidad de solicitar una nueva excedencia ante nacimiento de nuevo hijo:** el nacimiento de otro hijo, durante el disfrute de la excedencia por cuidado de hijo, puede ser objeto de una nueva situación si la madre o padre así lo desean, teniendo como efecto inmediato la terminación de la primitiva excedencia, y el comienzo de un nuevo período que puede durar hasta que el nuevo hijo tenga tres años (art. 46.3 del ET). Es decir, cuando un nuevo sujeto causante diera derecho a un nuevo período de excedencia, el inicio de ésta dará fin a la anterior que se estuviera disfrutando. Esto supone, salvo previsión mejorada en convenio, la imposibilidad de acumular períodos completos de excedencia para el cuidado de hijos sucesivos.

– **Sustitución del trabajador excedente:** las empresas pueden sustituir a los trabajadores en situación de excedencia por cuidado de hijos, con contratos de interinidad, teniendo derecho a una reducción en las cotizaciones empresariales a la Seguridad Social por contingencias comunes, siempre y cuando dichos contratos se celebren con beneficiarios de prestaciones por desempleo, de nivel contributivo o asistencia, que lleven más de un año como preceptores.

– **Trabajo para otra empresa durante la situación de excedencia:** la excedencia por cuidado de hijos no conlleva la imposibilidad de trabajar para otra empresa. Si el nuevo trabajo, desde un punto de vista razonable y objetivo, facilita de alguna forma el cuidado del hijo no cabe apreciar incumplimiento alguno por parte del trabajador. (STSJ de Madrid, n.° 263/2009, de 14 de abril de 2009, ECLI:ES:TSJM:2009:1832).

– **Hijos de tres o más años:** en el concepto de familiar por el que se concede esta excedencia hemos de englobar los hijos de tres o más años. (STSJ de Navarra n.° 42/2006, de 23 de febrero de 2006, ECLI:ES:TSJNA:2006:93).

– **Salario y vacaciones:** durante el periodo de excedencia no se generan derecho a salario, incluida la parte proporcional de pagas extraordinarias, ni tampoco derecho a vacaciones.

– **Despido nulo.** Será nulo el despido de los trabajadores que hayan solicitado, o estén disfrutando, de una excedencia prevista en el art. 46.3 del ET [arts. 53.4. b) y 55.5.b) del ET].

3.3.4.3. Excedencia por cuidado de familiares

Los trabajadores tienen el derecho a un período de excedencia no superior a dos años para atender al cuidado de su cónyuge o pareja de hecho, o de un familiar hasta el segundo grado de consanguinidad y por afinidad. Esta excedencia genera efectos similares a los señalados para la excedencia por cuidado de hijos, con el periodo máximo de disfrute limitado a dos años.

Regulación

Art. 46.3 del ET, párrafo segundo

«También tendrán derecho a un periodo de excedencia, de duración no superior a dos años, salvo que se establezca una duración mayor por negociación colectiva, los trabajadores para atender al cuidado del cónyuge o pareja de hecho, o de un familiar hasta el segundo grado de consanguinidad y por afinidad, incluido el familiar consanguíneo de la pareja de hecho, que por razones de edad, accidente, enfermedad o discapacidad no pueda valerse por sí mismo, y no desempeñe actividad retribuida».

La excedencia por cuidado de familiares supone el derecho de los trabajadores (hombres o mujeres) a un período de excedencia, de **DURACIÓN NO SUPERIOR A DOS AÑOS**, salvo que se establezca una duración mayor por negociación colectiva, para atender al cuidado de un familiar hasta el segundo grado de consanguinidad o afinidad, que por razones de edad, accidente, enfermedad o discapacidad no pueda valerse por sí mismo, y no desempeñe actividad retribuida.

Con efecto de 30/06/2023, dentro de esta modalidad de suspensión el contrato de trabajo se incluye de manera expresa a las parejas de hecho y el cuidado de dependientes por consanguinidad de las mismas.

Esta excedencia genera idénticos efectos a los ya señalados para la excedencia por cuidado de hijos, con la salvedad de un periodo máximo de disfrute limitado a dos años. También en este supuesto la negociación colectiva puede ampliar la duración de la excedencia fijando el régimen jurídico aplicable.

Duración

– **Periodo máximo:** no superior a dos años, salvo que se establezca una duración mayor por negociación colectiva. El Estatuto de los Trabajadores [art. 46.3 del ET, párrafo segundo] establece, una duración «no superior a dos años», salvo que se establezca una duración mayor por negociación colectiva.

– **Periodo mínimo:** no existe un periodo mínimo establecido.

Puede disfrutarse de forma fraccionada dentro del plazo legal de duración.

Condiciones de acceso y efectos

El período en que el trabajador permanezca en situación de excedencia será computable a efectos de **antigüedad**.

El trabajador tendrá derecho a la asistencia a **cursos de formación profesional**, a cuya participación deberá ser convocado por el empresario, especialmente con ocasión de su reincorporación (cuya finalidad es evitar la pérdida por parte del trabajador excedente de sus aptitudes profesionales, que pudieran verse afectadas por cambios productivos, tecnológicos, etc.). (STSJ de Madrid n.º 285/2023, de 17 de abril de 2023, ECLI:ES:TSJM:2023:4888).

Durante el primer año tendrá derecho a la reserva de su puesto de trabajo. Transcurrido dicho plazo, la reserva quedará referida a un puesto de trabajo del mismo grupo profesional o categoría equivalente.

Reingreso

La solicitud ha de presentarse con un mínimo de un mes de antelación a la finalización del periodo de excedencia (salvo especificación de convenio).

En caso de no solicitar el reingreso, en tiempo y forma reglamentario o especificado en convenio, el trabajador será considerado en situación de excedencia voluntaria.

El empleado temporal tendrá derecho a reingreso y reserva de puesto siempre que continúe la relación laboral.

Especificaciones

‖ Hijos de tres o más años

En el concepto de familiar por el que se concede esta excedencia hemos de englobar los hijos de tres o más años que, por razón de su edad, no pueden valerse por sí mismos. Se concede también por el cuidado de la pareja de hecho o de su familiar consanguíneo.

‖ Situación asimilada a la de alta en excedencias por cuidado de ‖ familiares

Se considerarán efectivamente cotizados a los efectos de las prestaciones por jubilación, incapacidad permanente, muerte y supervivencia, maternidad y paternidad, los tres primeros años del período de excedencia que los trabajadores disfruten, de acuerdo con el art. 46.3 del Estatuto de los Trabajadores, en razón del cuidado de otros familiares, hasta el segundo grado de consanguinidad o afinidad, que, por razones de edad, accidente, enfermedad o discapacidad, no puedan valerse por sí mismos, y no desempeñen una actividad retribuida (art. 237.2 de la LGSS, **con efectos de 18/03/2023**).

Ampliación de la reserva de su puesto de trabajo en casos de familia numerosa

Cuando la persona trabajadora forme parte de una familia que tenga reconocida la condición de familia numerosa, la reserva de su puesto de trabajo se extenderá hasta un máximo de quince meses cuando se trate de una familia numerosa de categoría general, y hasta un máximo de dieciocho meses si se trata de categoría especial.

Cuando la persona ejerza este derecho con la misma duración y régimen que el otro progenitor, la reserva de puesto de trabajo se extenderá hasta un máximo de dieciocho meses

Disfrute fraccionado de las excedencias por cuidado de hijos o de familiares

Ambas excedencias podrán disfrutarse de forma fraccionada lo que permite al trabajador disfrutar de su derecho en varios períodos. La negociación colectiva debería concretar las condiciones de disfrute de este derecho a fraccionar la excedencia.

Reintegro del trabajador excedente voluntario

La doctrina distingue entre las situaciones de negativa rotunda e irrevocable de la empresa al reingreso solicitado por el trabajador, lo que viene a suponer la voluntad de ruptura del vínculo jurídico-laboral que mantiene con el mismo, y las de simple omisión de respuesta a la solicitud de reintegro o de aplazamiento de este último para el momento en que se produzca vacante adecuada para la categoría y puesto de trabajo a desempeñar por el trabajador excedente. Para el primer supuesto se entiende que la acción a ejercitar es la de despido, en tanto que para el segundo se considera que la acción a ejercitar es la del reconocimiento del derecho al reingreso (STS, rec. 2043/2012, de 23 de septiembre de 2013, ECLI:ES:TS:2013:5405).

Despido nulo

Será nulo el despido de los trabajadores que hayan solicitado, o estén disfrutando, de una excedencia prevista en el art. 46.3 del ET [arts. 53.4. b) y 55.5.b) del ET].

SENTENCIA RELEVANTE

STSJ de Navarra n.º 42/2006, de 23 de febrero de 2006, ECLI:ES:TSJNA:2006:93

No existe obstáculo alguno para permitir el disfrute de la excedencia por cuidado de familiar para un niño mayor de tres años, al tratarse de un supuesto en el que, por razón de edad, no puede valerse por sí mismo.

ATS, rec. 856/2000 de 21 de diciembre de 2000, ECLI:ES:TS:2000:6554A

El Tribunal Supremo considera que ante la comunicación de no incorporación tras excedencia por haber causado baja en su plantilla; la reacción correcta del trabajador es la demanda por despido, y no la reclamación de reconocimiento de derecho, a través del proceso ordinario.

4.
ASPECTOS FORMALES RELACIONADOS CON LA EXCEDENCIA VOLUNTARIA

El régimen legal de la suspensión del contrato de trabajo del art. 45 del ET se caracteriza, desde el punto de los efectos o consecuencias jurídicas que se anudan a los supuestos suspensivos, por la exoneración de «las obligaciones recíprocas de trabajar y remunerar el trabajo», ello, llevado a la excedencia, hace indispensable seguir una serie de requisitos formales que la doctrina y jurisprudencia han ido desarrollando partiendo en cada caso del tipo de excedencia y de la regulación colectiva.

La STS, rec. 316/2002, de 18 de septiembre de 2002, ECLI:ES:TS:2002:5948 considera la aplicación de los preceptos legales de carácter general que habilitan a los convenios colectivos para regular «las condiciones de trabajo y productividad» (art. 82.2 del ET) y «las condiciones de empleo», «dentro del respeto a las leyes» (art. 85.1 del ET), siendo una de estas condiciones de empleo la excedencia voluntaria. Además, hay que considerar a continuación la habilitación específica para la negociación colectiva contenida en el art. 46.6 del ET, que faculta a los representantes de trabajadores y empresarios para acordar colectivamente el «régimen» y los «efectos» de «otros supuestos» de excedencia. Esta mención a «otros supuestos» ha de entenderse referida a las modalidades de excedencia distintas de las contempladas y reguladas con detalle en dicho precepto legal y concordantes.

En este bloque analizaremos el régimen legal y requisitos formales de la excedencia voluntaria y sus aspectos más controvertidos.

1. Solicitud de excedencia voluntaria.
2. Concesión o denegación de la excedencia voluntaria.
3. Plazo de preaviso y solicitud de reingreso.
4. Requisitos y características para la existencia de vacante.

4.1. Solicitud de excedencia voluntaria

Conoce los requisitos y el procedimiento para solicitar una excedencia

La norma estatutaria no exige requisito alguno por lo que, **respetando cualquier aspecto regulado por convenio**, parece necesario realizar la petición por escrito, indicando las fechas exactas para su disfrute y el motivo, dando un plazo «lógico» de preaviso sobre la fecha de inicio.

No existe un modelo oficial, pero es recomendable solicitar la excedencia por escrito e indicando todos los datos que puedan resultar relevantes, siendo una característica frecuentemente exigida por los convenios.

> «Artículo 45. XI Convenio colectivo autonómico de la enseñanza privada de Cataluña sostenida total o parcialmente con fondos públicos (BOC 21/03/2019)
> Excedencia voluntaria
>
> La excedencia voluntaria se podrá conceder al trabajador con la petición previa por escrito; pueden solicitarla todos los que tengan, al menos, un año de antigüedad en el centro y no hayan disfrutado de excedencia durante los cuatro años anteriores.
>
> Esta excedencia empezará a disfrutarse el primer mes del inicio del curso, excepto acuerdo de las partes para avanzarla.
>
> El permiso de excedencia voluntaria se concederá por un mínimo de 4 meses y un máximo de cinco años».

4.1.1. Solicitud de prórroga durante la excedencia

La ley no contempla la posibilidad de que el plazo inicial solicitado —si es inferior a cinco años— sea susceptible de ampliarse mediante sucesivas prórrogas hasta ese tope máximo. Esa posibilidad está supeditada a que convencionalmente (por acuerdo o convenio) se haya establecido expresamente la posibilidad de que la duración inicial de la excedencia voluntaria concedida por la empresa, pueda prorrogarse hasta el máximo legal. (STSJ de Asturias, rec. 1473/2005, de 24 de marzo de 2006, ECLI:ES:TSJAS:2006:2626).

En relación a la **prórroga** de una excedencia voluntaria, según las STS, rec. 2366/2010, de 20 de junio de 2011, ECLI:ES:TS:2011:4705 y rec. 95/2010, de 23 de julio, ECLI:ES:TS:2010:4601, cualquier prórroga de la excedencia voluntaria (aunque marque un periodo de entre 4 meses y cinco años una vez solicitada), se entenderá como el **nuevo ejercicio del derecho,** fijando el Estatuto que tienen que transcurrir cuatro años desde la anterior excedencia para poder solicitarlo. Por tanto, el empresario no está obligado a conceder prórrogas a las excedencias voluntarias solicitadas salvo especificación por convenio.

Una vez elegido y concedido el periodo de excedencia, no se permite al trabajador alterar de forma unilateral dicho período. La solicitud de prórroga de excedencia voluntaria (teniendo en cuenta cualquier posible regulación específica por convenio) implicaría necesariamente acuerdo con la empresa como si de una nueva solicitud se tratase, incluida la necesidad de cumplir los requisitos establecidos para el acceso a esta situación. (STSJ de Extremadura n.º 67/2007, de 1 de febrero, ECLI:ES:TSJEXT:2007:459).

La STS, rec. 43/2003 de 11 de diciembre, ECLI:ES:TS:2003:7954, nos aclara:

> «Los términos en que el legislador se expresa en dicho precepto legal están reconociendo al trabajador el derecho a una excedencia cuyo período es de libre elección por él, pero no permiten aceptar que una vez elegido dicho período pueda ser alterado de forma unilateral por el propio trabajador. En efecto, el hecho de que el legislador haya aceptado la posibilidad de que la excedencia pueda alcanzar una duración de entre dos y cinco años supone reconocer al trabajador un derecho a suspender su relación laboral con la empresa en función de sus intereses personales, laborales o familiares, pero no lleva implícito el que esa adecuación de sus intereses se haga sin tener en cuenta para nada los intereses de la empresa, pues, ésta, una vez concedida la excedencia por el período solicitado tiene derecho a poder organizar sus propios intereses en función del período por el que el trabajador optó, y ese derecho quebraría si tuviera que someterse a variaciones ulteriores unilateralmente decididas por el trabajador excedente».

4.1.2. Solicitud de prórroga transcurrido el plazo para solicitar el reingreso fijado por convenio

En el caso analizado por la **STSJ Castilla y León n.º 3811/2019, de 30 de septiembre de 2019, ECLI:ES:TSJCL:2019:3811**, la persona trabajadora había solicitado una prórroga de la excedencia de que disfrutaba transcurrido ya el plazo para solicitar el reingreso fijado por convenio, contestándosele por la empresa en términos tales que a su juicio reabría el plazo para solicitar el reingreso.

El convenio colectivo de grandes almacenes (aplicable al caso) establece el plazo de preaviso de un mes para solicitar el reingreso tras excedencia con consecuencia de no hacerlo de pérdida del derecho al reingreso, en los siguientes términos:

> «Se perderá el derecho de reingreso en la empresa si no es solicitado por el/a interesado/a con una antelación de un mes a la fecha de finalización del plazo que le fue concedido».

La empresa a la hora de contestar a una solicitud de prórroga **contestó diciendo que no tenía derecho a la prórroga y que quedaba a la espera de que comunicase su intención en el plazo establecido.**

> «(...) No obstante quedamos a la espera de que nos manifieste su intención de reincorporación o renuncia a su puesto de trabajo en el plazo establecido».

Dicha remisión al plazo establecido no puede ser sino **al plazo del convenio** pues es el que regula el plazo. La empresa **no abre un nuevo plazo, sino que se limita a dar respuesta a una concreta petición, manifestando que**

respecto al reingreso habrá de solicitarse en plazo y no hecho lo mismo «es evidente» que la consecuencia se ajusta al derecho.

Para la Sala de lo Social, «La apertura de un plazo extraordinario para solicitar el reingreso no está sino en la voluntad interesada de la recurrente pues no se fija plazo alguno, sino que se remite como ya se ha dicho al establecido».

Por todo lo anterior, la Sala de lo Social desestima el recurso de suplicación interpuesto contra el despido disciplinario de la trabajadora.

4.1.3. Negativa o falta de respuesta a la solicitud por parte de la empresa

La excedencia voluntaria no podría ejercerse de forma unilateral por la persona trabajadora toda vez que requiere del previo reconocimiento del derecho por parte de la empresa o en su defecto de una declaración positiva de la autoridad judicial.

El supuesto planteado es habitual y suele implicar dos situaciones:

- La persona trabajadora continúa prestando servicio y procede a la impugnación judicial de la denegación o falta de contestación ante los Tribunales, solicitando daños y perjuicios.

- La persona trabajadora opta de forma unilateral por situarse de excedencia sin la autorización empresarial pertinente. A pesar de entenderse justificadas en este caso medidas disciplinarias (incluso el despido disciplinario por ausencias no justificada), corresponderá al Juez de lo Social en caso de reclamación por parte del trabajador valorar las circunstancias concurrentes en orden a poder salvaguardar el derecho a la excedencia. Es decir, se valorará una posible actuación en base a la buena o mala fe de las partes implicadas y la posible existencia de derecho/necesidad a excedencia frente al derecho a organización de la actividad productiva de la empresa.

Hay que aclarar que una falta de contestación a la solicitud por parte de la empresa, existiendo tiempo suficiente para organizar y cubrir el puesto del trabajador excedente, presume mala fe por entenderse que esa actitud (como la denegación cuando no existe causa justificada) implica un posible abandono voluntario del trabajo.

En este sentido, los Juzgados de lo Social tienden a adecuar sus fallos a las circunstancias del caso, pero existe doctrina donde se considera que no puede quedar en manos de la empresa el aplazamiento indefinido del inicio de la excedencia por el mero silencio de la empresa tras recibir solicitud del trabajador:

- **STSJ de Madrid n.º 790/2005, de 5 de octubre de 2005, ECLI:ES:TSJM:2005:9804:** «(...) la empresa, en este caso está obligada a conceder la excedencia y a hacerlo sin dilaciones arbitrarias, dado que como hemos dicho se trata del derecho a la protección que la Ley confiere a un tercero y tan solo como instrumento del mismo se concede al trabajador el derecho a la excedencia, derechos innegables e inaplazables, por lo que una vez recibida la solicitud la empresa no puede impedir ni limitar su ejercicio, teniendo que proceder a su concesión, debiendo regirse en todo caso la actuación de ambas partes por el principio de la buena fe».

– **STSJ de Madrid n.º 7/2002, de 10 de enero de 2002, ECLI:ES:TSJM:2002:174:** «(...) repugna a la finalidad de la Ley tanto el que pueda quedar en manos de la patronal el aplazamiento indefinido del inicio de la excedencia por el mero silencio de la misma tras recibir la solicitud del trabajador, como que éste haya de someterse a la valoración que la empresa pueda hacer del desvalimiento de su familiar, ya que sería inoperante el derecho si para comenzar el disfrute hubiera de reclamarse previamente ante los Tribunales».

– **STS, rec. 2127/2013, de 8 de julio de 2014, ECLI:ES:TS:2014:3913:** «(...) Esta oscuridad sobre los intereses reales de la empresa no puede favorecerla precisamente por haber sido ella la que con su silencio la había ocasionado (art. 1288 del Código Civil)».

4.1.4. Falta de contestación a la solicitud de nueva excedencia o su ampliación por parte de la empresa

Un caso habitual es la **falta de contestación a la solicitud de nueva excedencia o su ampliación por parte de la empresa**, es decir, que no se deniega (al menos expresamente la prórroga o nueva solicitud) dándose silencio en este sentido por la empresa. En este caso, si hay una manifiesta y expresa voluntad por parte del trabajador de no extinguir su relación laboral con la empresa sino de mantenerse en la situación de excedencia voluntaria por cuidado de hijo menor cuyo plazo máximo no se hubiera agotado, un silencio por parte de la empresa se entiende **contrario a la buena fe**. Para el TS (STS, rec. 2127/2013, de 8 de julio de 2014, ECLI:ES:TS:2014:3913), esta oscuridad sobre los intereses reales de la empresa no puede favorecerla precisamente por haber sido ella la que con su silencio la había ocasionado (art. 1288 Código Civil); por el contrario, su no rechazo expreso de la nueva prórroga solicitada, «debe ser interpretado en el sentido más conforme a la naturaleza del contrato que es básicamente perdurable y mantenible en el tiempo por lo que debe ser tenido como **consentimiento tácito** que es contrario a cualquier decisión unilateral de extinguir el contrato de trabajo».

4.2. Concesión o denegación de la excedencia voluntaria

Si la persona trabajadora cumple los requisitos fijados por el art. 46 del ET y convenio, corresponde a su elección pasar a la situación de excedencia voluntaria y la empresa ha de reconocerla, lo que no evita la necesidad de un reconocimiento formal por parte de la empresa bajo pena de consideración de abandono del puesto de trabajo (art. 49.4 del ET) o despido disciplinario por inasistencia injustificada [art. 54.2 a) del ET] en caso de actuar unilateralmente no acudiendo al trabajo. Nuevamente, ante el vacío legal, corresponderá a los convenios colectivos fijar cómo y cuándo se responderá a la solicitud de excedencia.

Los convenios colectivos, como se ve en la práctica, pueden concretar el plazo y forma de la resolución empresarial a la solicitud del trabajador. Algunos ejemplos serían:

«**Artículo 56. Convenio colectivo estatal de perfumería y afines (BOE 26/01/2023)**
Excedencias.

I. Excedencias sin derecho a reserva de puesto de trabajo.

Las personas trabajadoras con un año de servicio, podrán solicitar la excedencia voluntaria por un plazo mínimo de cuatro meses y no superior a cinco años, no computándose el tiempo que dure esta situación a ningún efecto. En ningún caso se podrá producir en los contratos de duración determinada.

Las peticiones de excedencia serán resueltas por la empresa, en el plazo máximo de un mes desde la recepción de la solicitud escrita de la persona trabajadora.

La persona trabajadora excedente conserva solo un derecho preferente al reingreso en las vacantes de igual o similar grupo profesional al suyo. Cuando la persona trabajadora lo solicite, el reingreso estará condicionado a que haya vacante en su categoría o grupo profesional. Si no existiese vacante en la categoría o grupo profesional, y sí en el inferior, el excedente podrá optar entre ocupar esta plaza con el salario a ella correspondiente hasta que se produzca una vacante en su categoría o grupo profesional, o no reingresar hasta que se produzca dicha vacante. En cualquier caso, la empresa vendrá obligada a contestar por escrito a la petición de reingreso de la persona trabajadora.

La persona trabajadora que no solicite el reingreso un mes antes de la terminación de su excedencia, causará baja definitiva en la empresa. Para acogerse a otra excedencia voluntaria, la persona trabajadora deberá cubrir un nuevo período de al menos cuatro años de servicio efectivo en la empresa.

II. Excedencia con reserva de puesto de trabajo.

Las personas trabajadoras, con un preaviso de, al menos, treinta días, tendrán derecho a un período de excedencia, no superior a tres años, para atender al cuidado de cada hijo, tanto cuando lo sea por naturaleza, como por adopción, o en los supuestos de acogimiento, tanto permanente como de guarda con fines de adopción, a contar desde la fecha de nacimiento o, en su caso, de la resolución judicial o administrativa.

Se podrá conceder a la persona trabajadora una excedencia de hasta un máximo de dos años, para atender al cuidado de un familiar, hasta el segundo grado de consanguinidad o afinidad, que por razones de edad, accidente, discapacidad o enfermedad no pueda valerse por sí mismo, y no desempeñe actividad retribuida y el sujeto causante conviva o no con la persona trabajadora.

La excedencia contemplada en este apartado II, cuyo periodo de duración podrá disfrutarse de forma fraccionada, constituye un derecho individual de las personas trabajadoras, hombres y mujeres. No obstante, si dos o más personas trabajadoras de la misma empresa generasen este derecho por el mismo sujeto causante, la empresa podrá limitar su ejercicio simultáneo por razones justificadas de funcionamiento de la empresa.

Cuando un nuevo sujeto causante diera derecho a un nuevo periodo de excedencia, el inicio de la misma dará fin al que, en su caso, se viniera disfrutando.

El período en que la persona trabajadora permanezca en situación de excedencia conforme a lo establecido en este artículo será computable a efectos de antigüedad y la persona trabajadora tendrá derecho a la asistencia a cursos de formación profesional, a cuya participación deberá ser convocado por la Dirección de la empresa, especialmente con ocasión de su reincorporación.

Durante el primer año tendrá derecho a la reserva de su puesto de trabajo. Transcurrido dicho plazo, la reserva quedará referida a un puesto de trabajo del mismo grupo profesional. Se perderá el derecho al reingreso automático, si durante la excedencia se realizaran trabajos remunerados por cuenta ajena o habituales por cuenta propia.

La persona trabajadora que no solicite el reingreso un mes antes de la terminación de su excedencia, causará baja definitiva en la empresa.

III. Excedencias especiales.

Dará lugar a la situación de excedencia especial del personal, cualquiera de las siguientes causas:

a) Nombramiento para cargo público, cuando su ejercicio sea incompatible con la prestación de servicios en la empresa. Si surgieran discrepancias a este respecto, decidirá la Jurisdicción competente. La excedencia se prolongará por el tiempo que dure el cargo que la determine y otorgará derecho a ocupar la misma plaza que desempeñaba la persona trabajadora al producirse tal situación, computándose el tiempo que haya permanecido en aquella como activo a todos los efectos. El reingreso deberá solicitarlo dentro del mes siguiente al de su cese en el cargo público que ocupaba.

b) Enfermedad, una vez transcurrido el plazo de baja por incapacidad temporal y durante el tiempo en que la persona trabajadora perciba prestación de incapacidad permanente de la Seguridad Social».

«Artículo 57. Convenio colectivo general de la industria química (BOE 19/07/2021)

Las personas trabajadoras con un año de servicio podrán solicitar la excedencia voluntaria por un plazo mínimo de cuatro meses y no superior a cinco años, no computándose el tiempo que dure esta situación a ningún efecto, y sin que en ningún caso se pueda producir en los contratos de duración determinada.

Las peticiones de excedencia serán resueltas por la empresa en el plazo máximo de un mes.

La persona trabajadora que no solicite el reingreso antes de la terminación de su excedencia, causará baja definitiva en la empresa. Para acogerse a otra excedencia voluntaria, la persona trabajadora deberá cubrir un nuevo periodo de, al menos, cuatro años de servicio efectivo en la empresa.

Cuando la persona trabajadora lo solicite, el reingreso estará condicionado a que haya vacante en su grupo profesional; si no existiese vacante en el grupo profesional y sí en el inferior, el excedente podrá optar entre ocupar esta plaza con el salario a ella correspondiente hasta que se produzca una vacante en su grupo profesional, o no reingresar hasta que se produzca dicha vacante.

Igualmente, en el supuesto de que hubiese vacante en una modalidad contractual no indefinida, la persona trabajadora podrá optar por incorporarse a la misma por el tiempo de duración de dicha contratación temporal, y sin que el ejercicio de esta posibilidad desvirtúe lo dispuesto en el párrafo anterior para ocupar una vacante de modalidad contractual indefinida en cuanto ésta se produzca.

En cualquier caso, la empresa vendrá obligada a contestar por escrito a la petición de reingreso de la persona trabajadora.».

Si la dirección de la empresa accede a la petición formulada se le comunicará al trabajador. Según el vigente art. 8 del Real Decreto 1335/2005, de 11 de noviembre, por el que se regulan las prestaciones familiares de la Seguridad Social, las empresas deberán comunicar a la Tesorería General de la Seguridad Social, en el plazo de 15 días, a partir de que se produzca, el inicio y la finalización del disfrute por sus trabajadores de los períodos de excedencia laboral para el cuidado de hijo, del menor acogido o de otros familiares, con derecho de reserva de puesto de trabajo.

La omisión de la comunicación a que se refiere el párrafo anterior podrá ser objeto de la sanción correspondiente, de acuerdo con la gravedad de la infracción, conforme a la regulación contenida en el texto refundido de la Ley sobre infracciones y sanciones en el orden social, aprobado por el Real Decreto Legislativo 5/2000, de 4 de agosto.

Las actuaciones frente a la Seguridad Social se deberán efectuar mediante el Sistema RED, en el apartado de afiliación dentro de la misma plataforma con la clave 63 Baja por excedencia voluntaria o forzosa. (STSJ Galicia, rec. 5636/2019, de 31 de enero de 2020, ECLI:ES:TSJGAL:2020:1117).

Limitaciones para el ejercicio de la excedencia voluntaria

Como especifica concretamente el art. 46.3 del ET en su tercer párrafo «si dos o más trabajadores de la misma empresa generasen este derecho por el mismo sujeto causante, el empresario podrá limitar su ejercicio simultáneo por razones justificadas de funcionamiento de la empresa».

Este derecho empresarial ha de valorarse en función de las circunstancias concurrentes en cada situación concreta debiendo entender que supongan un grave perjuicio para la empresa o afecte gravemente a la producción [SJS-Pamplona/Iruña n.º 230/2016, de 8 de junio de 2016, ECLI:ES:JSO:2016:69 (en relación al ejercicio simultáneo de la reducción de jornada por guarda legal)].

Igualmente, vía convenio colectivo pueden fijarse condiciones limitativas del derecho al reingreso.

> **CUESTIÓN**
>
> **Si existiendo derecho la empresa niega la excedencia voluntaria, ¿cómo ha de actuar el trabajador?**
>
> Si se cumplen los requisitos de antigüedad mínima y no se ha solicitado el derecho en un plazo de cuatro años anteriormente, el empresario no podrá denegar el disfrute de la excedencia voluntaria. En caso de denegación expresa o tácita injustificada el trabajador deberá interponer demanda y continuar prestando servicios en la empresa hasta la resolución judicial.

4.3. Reingreso tras excedencia: solicitud, preaviso y vuelta a la prestación de servicios

El reingreso tras excedencia debe solicitarse antes de finalizar el periodo. La falta de preaviso puede implicar pérdida del derecho, según convenio.

4.3.1. Plazo de preaviso y solicitud de reingreso

Para que sea efectivo el derecho al reingreso la persona trabajadora ha de ejercitarlo en tiempo y forma, aspectos que no se encuentran regulados en el texto estatutario siendo, como regla general, especificados por convenio o pacto individual. La reincorporación al puesto de trabajo deberá ser notificada antes del término del periodo de excedencia, sin existir plazo de preaviso para ello. No obstante, los convenios colectivos pueden establecer:

– La necesidad de un plazo de preaviso cuya ausencia implique la pérdida del derecho al reingreso. (STS, rec. 316/2002, de 18 de septiembre de 2002, ECLI:ES:TS:2002:5948). Esta cuestión, como veremos, resulta controvertida tras los últimos pronunciamientos del TS.

– La necesidad de un plazo de preaviso sin prever ningún tipo de consecuencia en caso de incumplimiento. (STS, rec. 1053/2010, de 24 de febrero de 2011, ECLI:ES:TS:2011:1287).

Solicitud anticipada de reingreso por parte de trabajador

La solicitud de reingreso antes del periodo concedido por parte del trabajador carece de efectividad pues la empresa no está obligada a tomar en consideración tal clase de peticiones hasta el momento en que ese plazo haya concluido. La STS, rec. 1500/09, de 21 de enero de 2010, ECLI:ES:TS:2010:497, sostiene que el derecho potencial o expectante del trabajador en excedencia voluntaria sólo puede ejercerse de manera inmediata cuando su mismo puesto de trabajo, u otro similar o equivalente, se encuentre disponible en la empresa, y como se ha expuesto, que esa adecuación de sus intereses no se puede hacer sin tener en cuenta para nada los intereses de la empresa, pues, ésta, una vez concedida la excedencia por el período solicitado tiene derecho a poder organizar sus propios intereses en función del período por el que el trabajador optó, y ese derecho quebraría si tuviera que someterse a variaciones ulteriores unilateralmente decididas por el trabajador excedente. (STSJ Madrid n.º 795/2011, de 6 de octubre de 2011, ECLI:ES:TSJM:2011:12511).

Negativa al reingreso por parte de la empresa

La negativa al reingreso por parte de la empresa, por inexistencia de vacante o por cualquier otra causa, debe equipararse a un despido, procediendo a accionar por despido, debiendo el empresario abonar los salarios de tramitación correspondientes al período que va desde la negativa al reingreso a la fecha del acto de conciliación, y cotizar por ellos, computándose a efectos de carencia para el desempleo. (STSJ Castilla y León, rec. 1683/2000, de 21 de noviembre de 2000, ECLI:ES:TSJCL:2000:5962).

La jurisprudencia, como cita la STSJ Madrid n.º 692/2015, de 19 de octubre de 2015, ECLI:ES:TSJM:2015:12182, viene distinguiendo **dos supuestos diferenciados**, respecto de las pretensiones de reingreso que un trabajador en excedencia voluntaria:

- El empresario se opone de manera abierta, clara y terminante a la petición de reincorporación, y lo hace en términos que equivalen a un rechazo del derecho básico del trabajador excedente, a una actual o futura reinserción, y con ello, lo está excluyendo o extrañando de la plantilla, en actitud que debe hacerse equivaler a un **despido**; por ello, juega entonces el plazo de reclamación de veinte días, señalado por el art. 59.3 ET.

- El empresario da por supuesto o sobrentendido el derecho del trabajador, que como dependiente suyo sigue tratando, pero al que niega de momento la reincorporación, so pretexto de que no existe vacante, hecho a que aquélla se condiciona por el art. 45.6 ET. En este caso cuando el trabajador conociese la existencia de vacante, pondría en marcha el tracto prescriptivo, cuyo plazo pasa a ser ahora el de un año que, con carácter general, establece el art. 59.2 ET. En este caso no se debe demandar por despido, sino que es un **procedimiento de reclamación de derecho**.

- Podrán ser reclamados los daños y perjuicios por la no reincorporación cuando se tenía derecho.

Una vez solicitada la reincorporación en tiempo y forma, en cuanto exista una vacante, el empresario es el responsable de avisar y ofrecer un puesto de trabajo.

Omisión de plazo de preaviso establecido en convenio para solicitar el reingreso

La reciente STS n.º 726/2024, de 22 de mayo de 2024, ECLI:ES:TS:2024:2798, ha sentenciado que un convenio colectivo no puede fijar la pérdida del derecho al reingreso tras una excedencia por incumplir el preaviso, declarando nula dicha cláusula y considerando la negativa empresarial como despido improcedente.

El TS explica que suponer que el incumplimiento del preaviso determina la pérdida del derecho al reingreso implica llevar el carácter restrictivo de la norma aún más lejos, lo que contradice el principio de derecho que obliga a que deba ser objeto de interpretación restringida la norma limitativa de derechos. Además, el alto tribunal señala que nunca una interpretación puede conducir al absurdo de negar todo significado a la exigencia del preaviso. Por lo tanto, la razón de ser del preaviso debe situarse en las consecuencias para la empresa derivadas de la dificultad de una sorpresiva petición de reingreso, traduciéndose el incumplimiento del preaviso en una moratoria para la empresa equivalente a dicho plazo, siempre que la solicitud se efectúe antes de finalizar la excedencia concedida.

JURISPRUDENCIA

STS, rec. 1053/2010, de 24 de febrero de 2011, ECLI:ES:TS:2011:1287

«Suponer que la omisión del preaviso determina la pérdida del derecho al reingreso, cuando lo que se interpreta es una norma restrictiva de derechos implica llevar ese carácter aún más lejos, lo que contradice el principio de derecho que obliga a que deba ser objeto de interpretación restringida la norma limitativa de derechos. Como por otra parte nunca una interpretación puede conducir al absurdo cual sería el de negar todo significado a la exigencia del preaviso, ha de situarse su razón de ser en las consecuencias para la empresa derivadas de la dificultad de una sorpresiva petición de reingreso, aún en el caso de contar con una vacante, traduciéndose la del incumplimiento del preaviso en una moratoria para la empresa equivalente a dicho plazo, y desde luego siempre que la solicitud se efectúe antes de finalizar la excedencia concedida».

Solicitud de reingreso tras la finalización de le excedencia

Cuando el texto colectivo no concretase las consecuencias de un incumplimiento en el plazo para solicitar la reincorporación y el trabajador realizase la solicitud antes de fecha ello no supondría una pérdida del derecho al reingreso. (STS, rec. 1053/2010 de 24 de febrero de 2011, ECLI:ES:TS:2011:1287 y STS, rec. 4158/2021, de 10 de enero de 2023, ECLI:ES:TS:2023:158).

En el supuesto de que una vez finalizada la excedencia se solicitase el reingreso fuera del plazo fijado por convenio colectivo estaríamos ante una extinción del contrato de trabajo por abandono o dimisión siempre y cuando así fuese establecido por convenio. No obstante, cuando el texto colectivo no concretase las consecuencias de un incumplimiento en el plazo para solicitar la reincorporación y el trabajador realizase la solicitud antes de fecha ello no supondría una pérdida del derecho al reingreso. (STS, rec. 1053/2010 de 24 de febrero de 2011, ECLI:ES:TS:2011:1287).

A modo de ejemplo regulando la necesidad de solicitud y respuesta por escrito podemos citar el art. 42.2 del II Convenio colectivo estatal del comercio minorista de droguerías, herboristerías y perfumerías (BOE 12/08/2017).

Artículo 42. Excedencias.
«2. Excedencia voluntaria.

Los trabajadores con al menos un año de servicio podrán solicitar la excedencia voluntaria por un plazo mínimo de cuatro meses y no superior a cinco años, no computándose el tiempo que dure esta situación a ningún efecto.

La petición de excedencia voluntaria será presentada por el trabajador al menos treinta días antes de su fecha prevista de inicio.

El trabajador deberá igualmente solicitar por escrito el reingreso en la empresa al menos treinta días antes del fin de su periodo de excedencia, estando obligada la empresa a contesta por escrito a tal petición.

Si el trabajador no solicita el reingreso en el plazo establecido en el párrafo anterior, al finalizar su excedencia, causará baja voluntaria en la empresa.

Para acogerse a una nueva excedencia el trabajador deberá cubrir al menos cuatro años de servicio en la empresa desde el final de la anterior excedencia.

Tendrán derecho al reingreso aquellos empleados que hubiesen solicitado la excedencia voluntaria para los supuestos de estar cursando estudios de enseñanza reglada o participación voluntaria en proyectos de organizaciones no gubernamentales.

Asimismo, perderán el derecho al reingreso aquellos empleados que hubiesen solicitado la excedencia voluntaria con la finalidad de emplearse en otras empresas que supongan competencia directa en la actividad económica de la empresa afectada por este convenio».

JURISPRUDENCIA

STS, rec. 316/2002, de 18 de septiembre de 2002, ECLI:ES:TS:2002:5948

«Se valida la cláusula de un convenio colectivo que exige a los trabajadores en situación de excedencia voluntaria que quieran reintegrarse a la empresa la presentación de la solicitud de reincorporación con una antelación mínima de un mes a la fecha de expiración o vencimiento del período de excedencia previsto, condicionando además la reincorporación a la existencia de puesto de trabajo vacante "similar" al desempeñado. La consecuencia establecida en el citado convenio para la inobservancia del referido plazo de preaviso de la petición de reincorporación es la pérdida del derecho de reingreso del trabajador excedente».

CUESTIONES

1. Habiendo solicitado ya el reingreso, si no existe vacante en ese momento, ¿es preciso reintentarlo?

Habiendo solicitado ya el trabajador el reingreso, no es preciso que lo reitere y el empresario está obligado a ofrecérselo en cuanto surja la primera vacante adecuada en los términos que acabamos de exponer. Si no lo hace así, ello equivaldrá a un despido tácito, en cuyo caso el plazo de caducidad de la acción para impugnarlo no comenzará a correr hasta que el trabajador tuviera conocimiento cabal de dicha circunstancia. (STS, rec. 521/2014, de 4 de febrero de 2015, ECLI:ES:TS:2015:981).

2. ¿Puedo pedir una prórroga de excedencia voluntaria en lugar del reingreso?

Según la STS, rec. 2366/2010, de 20 de junio de 2011, ECLI:ES:TS:2011:4705, cualquier prórroga de la excedencia voluntaria (aunque marque un periodo de entre 4 meses y cinco años una vez solicitada), se entenderá como el nuevo ejercicio del derecho, fijando el Estatuto que tienen que transcurrir cuatro años desde la anterior excedencia para poder solicitarlo. Por tanto, el empresario no está obligado a conceder prórrogas a las excedencias voluntarias solicitadas salvo especificación por convenio.

3. En caso de que el convenio no determine plazo alguno para solicitar la reincorporación, si el trabajador se presenta en la empresa el día siguiente a la finalización de la excedencia sin preaviso y con intención de empezar a trabajar, ¿sería considerado dimisión igualmente por falta de preaviso?

La STSJ Cantabria n.º 939/2004, de 30 de julio de 2004, ECLI:ES:TSJCANT:2004:1433, analiza un supuesto idéntico al planteado considerando desproporcionado anudar la inobservancia del preaviso de solicitud de reingreso a la pérdida de la opción al reingreso, cuando esta no era conocida por el trabajador, al no haber sido fijado plazo alguno en norma legal o convencional.

4.3.2. Vuelta al trabajo después de la excedencia

La reincorporación al trabajo tras una excedencia se verá marcada por una serie de puntos conflictivos que hemos ido desgranando a lo largo de la obra: el tipo de excedencia, la solicitud por parte de la persona trabajadora en tiempo y forma, la existencia de vacante, las condiciones y ubicación del puesto al que se propone la reincorporación, etc.

A continuación, se detallan los aspectos más relevantes que la empresa y la persona trabajadora deben considerar al aceptar la solicitud de reincorporación:

1. **Procedimiento de solicitud.** La solicitud de reincorporación debe realizarse antes de que finalice la excedencia voluntaria. Aunque algunos convenios colectivos establecen un plazo de preaviso, la jurisprudencia ha determinado que no respetar este plazo no implica la pérdida del derecho preferente al reingreso. La negativa de la empresa a reincorporar al trabajador por no respetar el plazo de preaviso se considera un despido improcedente.

2. **Respuesta a la solicitud por parte del trabajador.** Cuando un trabajador solicita su reincorporación, la empresa debe atender la petición con inmediatez si existe una vacante idónea. En caso contrario, la negativa puede generar derecho a una indemnización por daños y perjuicios. La misma celeridad requerirá la respuesta de que en ese momento no existe plaza disponible.

3. **Forma de reincorporación tras la excedencia voluntaria.**

   – El derecho «expectante» del trabajador excedente sólo puede ejercerse de manera inmediata cuando su mismo puesto de trabajo u otro similar se encuentra disponible en la empresa; y ello no ocurre cuando la plaza fue cubierta con nueva contratación o amortizada por reasignación a otros trabajadores de sus cometidos laborales.

– Si el trabajador acepta el puesto ofertado por la empresa se restablece el vínculo laboral en las nuevas condiciones.

– El reingreso debe producirse en un puesto de trabajo en la misma localidad en la que el trabajador prestaba servicios antes de la excedencia. Se permite que sea en un centro de trabajo diferente siempre que esté en la misma localidad.

– Si el reingreso implica un cambio de residencia, la negativa del trabajador a incorporarse a uno de los puestos ofrecidos supone que queda en una situación de expectativa hasta que se produzca una vacante adecuada. No obstante, algunos convenios colectivos permiten que el reingreso se produzca en otra localidad diferente, ya sea de manera facultativa para el trabajador o de manera forzosa.

– Si el trabajador se niega a reincorporarse en el puesto ofertado, si cumple con los requisitos establecidos por la legislación y los convenios colectivos aplicables, implica la resolución del contrato por su propia voluntad.

– La reincorporación tras una excedencia voluntaria con contrato a tiempo parcial cuando el puesto era a tiempo completo es otro supuesto habitual. En este caso, la STS n.º 376/2023, de 24 de mayo del 2023, ECLI:ES:TS:2023:2354, ha establecido que la reincorporación de una trabajadora, excedente voluntaria, a través de un contrato a tiempo parcial no constituye una novación de su anterior contrato a tiempo completo e implica el mantenimiento del derecho a la reincorporación a jornada completa cuando exista vacante.

4. **La Ley de Prevención de Riesgos Laborales obliga a pasar un reconocimiento médico obligatorio en caso de ausencia prolongada por motivos de salud.** Los reconocimientos médicos periódicos posteriores a la excedencia laboral serán de libre aceptación para la persona trabajadora, si bien, a requerimiento de la empresa, deberá firmar la no aceptación cuando no desee someterse a dichos reconocimientos.

5. **Procedimiento de reincorporación de excedentes regulado en convenio colectivo o pacto empresa-persona trabajadora.** A pesar de ser más habitual en las AA.PP por convenio colectivo podrá establecerse un procedimiento para la reincorporación de los trabajadores excedentes respetando las previsiones legales. (STS n.º 703/2022, de 7 de septiembre de 2022, ECLI:ES:TS:2022:3353). Mediante un acuerdo entre empresa y persona trabajadora para el disfrute de excedencia también es posible (respetando las previsiones legales) fijar las condiciones de retorno a la actividad.

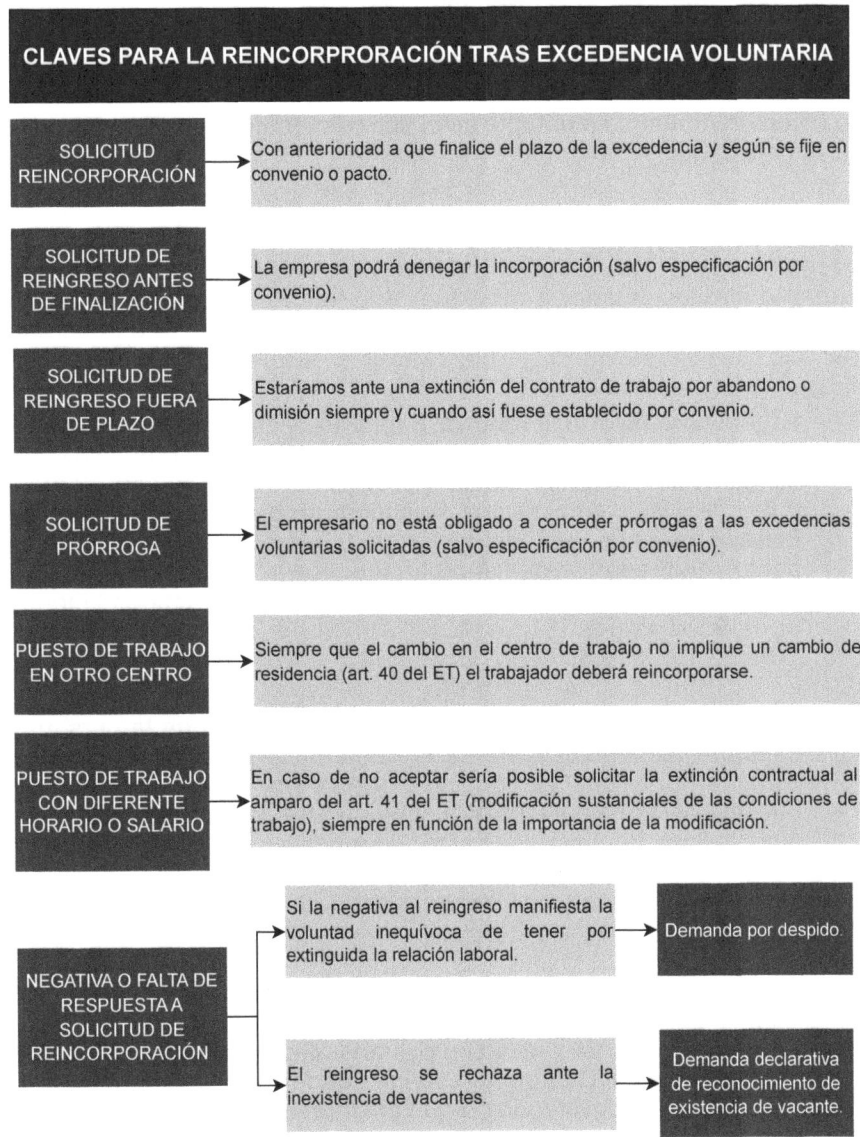

CLAVES PARA LA REINCORPRORACIÓN TRAS EXCEDENCIA VOLUNTARIA

SOLICITUD REINCORPORACIÓN	Con anterioridad a que finalice el plazo de la excedencia y según se fije en convenio o pacto.
SOLICITUD DE REINGRESO ANTES DE FINALIZACIÓN	La empresa podrá denegar la incorporación (salvo especificación por convenio).
SOLICITUD DE REINGRESO FUERA DE PLAZO	Estaríamos ante una extinción del contrato de trabajo por abandono o dimisión siempre y cuando así fuese establecido por convenio.
SOLICITUD DE PRÓRROGA	El empresario no está obligado a conceder prórrogas a las excedencias voluntarias solicitadas (salvo especificación por convenio).
PUESTO DE TRABAJO EN OTRO CENTRO	Siempre que el cambio en el centro de trabajo no implique un cambio de residencia (art. 40 del ET) el trabajador deberá reincorporarse.
PUESTO DE TRABAJO CON DIFERENTE HORARIO O SALARIO	En caso de no aceptar sería posible solicitar la extinción contractual al amparo del art. 41 del ET (modificación sustanciales de las condiciones de trabajo), siempre en función de la importancia de la modificación.

NEGATIVA O FALTA DE RESPUESTA A SOLICITUD DE REINCORPORACIÓN

Si la negativa al reingreso manifiesta la voluntad inequívoca de tener por extinguida la relación laboral. → Demanda por despido.

El reingreso se rechaza ante la inexistencia de vacantes. → Demanda declarativa de reconocimiento de existencia de vacante.

4.4. Requisitos y características para la existencia de vacante

La jurisprudencia de la Sala de lo Social del Tribunal Supremo ha apreciado diferencias sustanciales, a efectos del juicio de contradicción de las sentencias de unificación de doctrina, entre las situaciones de excedencia voluntaria común y excedencia forzosa (STS, rec. 60/1997, de 6 de noviembre de 1997), y ha calificado con frecuencia el derecho al puesto de trabajo del excedente voluntario común como un derecho potencial o «expectante», y no como un derecho ejercitable en el acto o momento en que el trabajador excedente exprese su voluntad de reingreso.

La reincorporación de un trabajador tras una excedencia voluntaria es un derecho regulado por el art. 46.5 del Estatuto de los Trabajadores. Este derecho otorga al trabajador una preferencia para reingresar en vacantes de igual o similar categoría a la que tenía antes de la excedencia. Respecto de ese derecho a la reincorporación, debemos tener en cuenta dos aspectos:

- La jurisprudencia del Tribunal Supremo señala que **no tiene un carácter absoluto, sino potencial o expectante** puesto que sólo puede ejercerse de manera inmediata cuando su mismo puesto de trabajo, u otro similar o equivalente, se encuentre disponible en la empresa. Por ello, no cabe la actualización de tal derecho si la plaza del excedente voluntario fue cubierta con una nueva contratación, ni tampoco si fue amortizada por reasignación de sus cometidos laborales a otros trabajadores (STS, rec. 581/2015, de 26 de octubre de 2016, ECLI:ES:TS:2016:5074).

- La cuestión es distinta **a partir del momento en que la persona trabajadora excedente formula la solicitud de reingreso.** Desde ese instante no resulta ya admisible que la empresa proceda a ocupar puestos de trabajo de igual o similar categoría; no solo mediante la contratación de personas hasta ese momento no vinculadas a la empresa, sino ni siquiera mediante la conversión de contratos de duración determinada y a tiempo parcial en contratos indefinidos y a tiempo completo.

En suma, para determinar la preferencia de la persona en excedencia, ha de analizarse en cada supuesto el procedimiento que haya podido utilizar la empresa para cubrir las vacantes con posterioridad al momento en el que se ha presentado la solicitud de reingreso; de suerte que prevalece el indicado derecho cuando quede evidenciado que la empresa necesita de personal de las características de quien solicita su reincorporación.

> **A TENER EN CUENTA.** Tras la solicitud de reingreso, el derecho preferente del trabajador excedente se aplica también frente a otros trabajadores de la empresa, incluyendo temporales y a tiempo parcial. La empresa no puede emplear a otros trabajadores en vacantes de igual o similar categoría antes que al trabajador excedente. (STS n.º 69/2021, de 20 de enero de 2021, ECLI:ES:TS:2021:173).

IDONEIDAD DE LA VACANTE EN CASO DE SOLICITUD DE REINCORPORACIÓN TRAS EXCEDENCIA

Existe un derecho de reingreso **preferente** en un puesto de igual o similar categoría al que se ocupaba.

Ante el vacío normativo por parte del ET en la definición de **"vacante apropiada"**:

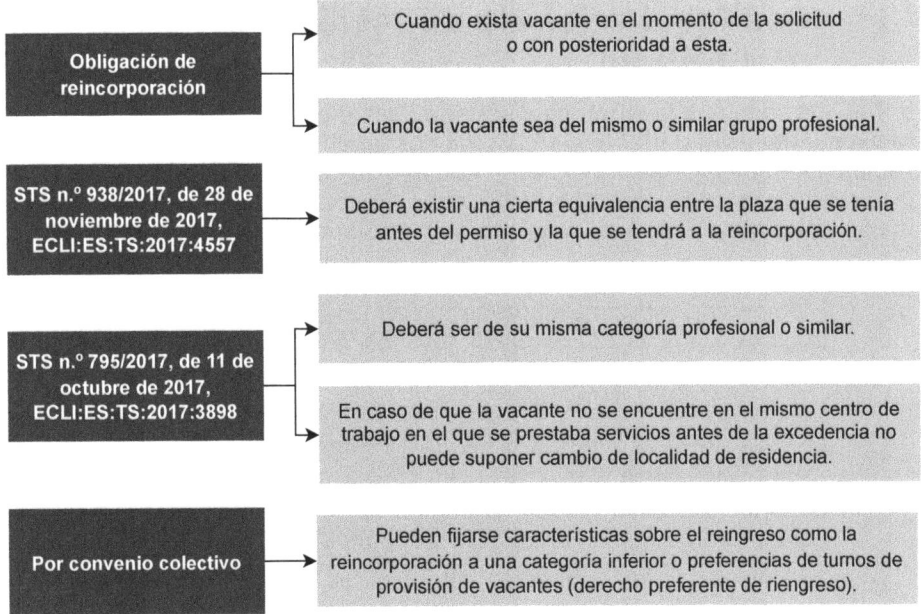

Obligación de reincorporación
- Cuando exista vacante en el momento de la solicitud o con posterioridad a esta.
- Cuando la vacante sea del mismo o similar grupo profesional.

STS n.º 938/2017, de 28 de noviembre de 2017, ECLI:ES:TS:2017:4557
- Deberá existir una cierta equivalencia entre la plaza que se tenía antes del permiso y la que se tendrá a la reincorporación.

STS n.º 795/2017, de 11 de octubre de 2017, ECLI:ES:TS:2017:3898
- Deberá ser de su misma categoría profesional o similar.
- En caso de que la vacante no se encuentre en el mismo centro de trabajo en el que se prestaba servicios antes de la excedencia no puede suponer cambio de localidad de residencia.

Por convenio colectivo
- Pueden fijarse características sobre el reingreso como la reincorporación a una categoría inferior o preferencias de turnos de provisión de vacantes (derecho preferente de riengreso).

CUESTIÓN

Frente al derecho preferente de la persona trabajadora excedente, ¿la empresa puede aludir la necesidad de ofertar el empleo a trabajadores temporales o parciales?

No. Frente al derecho preferente de la persona trabajadora excedente no cabe oponer la transformación del empleo fijo en una contratación temporal y parcial. (STS/4ª de 12 febrero 2015 —rcud. 322/2014—, antes citada, reiterada por la STS/4.ª/ Pleno de 8 febrero 2018 —rcud. 404/2016—, también mencionada).

JURISPRUDENCIA

STS, rec. 3606/1998, de 25 de octubre de 2000, ECLI:ES:TS:2000:7701

La persona trabajadora en excedencia voluntaria conserva solo un derecho preferente al reingreso en las vacantes de igual o similar categoría a la suya que hubiera o se produjeran en la empresa:

«La jurisprudencia de esta Sala de lo Social del Tribunal Supremo ha entendido que este derecho preferente al reingreso del trabajador en excedencia voluntaria común es un derecho potencial o "expectante", condicionado a la existencia de vacante en la empresa, y no un derecho incondicional, ejercitable de manera inmediata en el

momento en que el trabajador excedente exprese su voluntad de reingreso (STS de 18-7-1986). En este punto se diferencian las regulaciones legales de la excedencia voluntaria común de un lado, y de la suspensión del contrato de trabajo y las excedencias forzosas o especiales de otro, situaciones estas últimas caracterizadas por la conservación del puesto de trabajo por parte del trabajador».

4.4.1. Disposición por parte de la empresa de la plaza del trabajador excedente dentro de las facultades de dirección y organización del trabajo

Resulta lícito que la empresa disponga de la plaza de la persona trabajadora excedente en el correcto ejercicio de sus facultades de dirección y organización del trabajo. A diferencia de lo que ocurre con la excedencia forzosa, en la voluntaria no existe una obligación de la empresa a reservar el puesto para la persona trabajadora excedente, pudiendo disponer de la plaza:

- Con nuevas contrataciones.

- Mediante la reorganización de tareas (STS, rec. 2658/2010, de 15 de junio de 2011, ECLI:ES:TS:2011:4555 y STS, rec. 322/2014, de 12 de febrero de 2015, ECLI:ES:TS:2015:702).

- La amortización de las tareas (STS, rec. 2228/2011, de 30 abril 2012, ECLI:ES:TS:2012:4454 y STS, rec. 404/2016, de 8 febrero 2018, ECLI:ES:TS:2018:754).

- La externalización de las funciones (STS, rec. 3232/2011, de 30 de noviembre de 2012, ECLI:ES:TS:2012:8912).

Ante cualquiera de los supuestos establecidos, la norma no obliga a finalizar una relación laboral existente o modificar las condiciones de la misma ante la solicitud de reincorporación. Es decir, el derecho «expectante» del trabajador excedente sólo puede ejercerse de manera inmediata cuando su mismo puesto de trabajo u otro similar se encuentra disponible en la empresa; y ello no ocurre cuando la plaza fue cubierta con nueva contratación o amortizada por reasignación a otros trabajadores de sus cometidos laborales. (STS, rec. 1500/2009, de 21 enero 2010, ECLI:ES:TS:2010:497).

4.4.2. Existencia de «vacante apropiada»

El silencio normativo supone, nuevamente, una remisión al convenio colectivo para la definición de este concepto, correspondiendo la carga de la prueba de la existencia de vacantes susceptibles de ser ocupadas por el trabajador en excedencia al empresario (que es el que tiene pleno acceso a este dato), y siendo este uno de los extremos de más difícil conocimiento para el trabajador que, «por razón de excedencia, ha permanecido lejos de la empresa durante un período de tiempo más o menos prolongado». (STSJ de Castilla y León, rec. 434/2013, de 17 de abril de 2013, ECLI:ES:TSJCL:2013:1995).

Lo que subyace en la jurisprudencia es el propósito de que la empresa realice la suficiente actividad probatoria para justificar la inexistencia de vacante, hecho que, aunque negativo, puede justificar ofreciendo datos sobre cobertura o amortización de la vacante en su día dejada por el trabajador excedente, ascensos o ingresos de otros trabajadores en esa categoría, etc., y no quedarse en la clásica postura negatoria y obstruccionista más propia del campo *iusprivatista* civil. (STSJ de Asturias n.º 1210/2018, de 8 de mayo de 2018, ECLI:ES:TSJAS:2018:1486).

4.4.3. Vacante y categoría profesional: incorporación en un puesto de menor categoría

El trabajador en excedencia voluntaria conserva solo un derecho preferente al reingreso en las vacantes de igual o similar categoría a la suya que hubiera o se produjeran en la empresa. No obstante, conforme se recoge en la sentencia del Tribunal Supremo de 3 de diciembre de 1999, el derecho al reingreso en plaza vacante igual o similar a su grupo profesional, que haya o se produzca en la empresa es un derecho incondicionado, debiéndose producir en el mismo puesto de trabajo que dejó libre **si no se cubrió ni amortizó legalmente durante la situación de excedencia**. (STSJ de Extremadura n.º 24/2014, de 16 de enero de 2014, ECLI:ES:TSJEXT:2014:50).

> **RESOLUCIÓN RELEVANTE**
>
> **STSJ de Canarias n.º 911/2023, de 22 de junio, ECLI:ES:TSJICAN:2023:1681**
>
> Se desestima la petición del trabajador de reincorporación tras una excedencia voluntaria al entender que la oferta que la empresa había publicado en *Linkedin* no era para la misma categoría que desempeñaba. La sentencia considera probado que el puesto ofertado presentaba diferencias notables con el que ostentaba el trabajador, además de que no había vacante de igual o similar categoría en el momento de su solicitud. El TSJ ratifica la sentencia del Juzgado, afirmando que el trabajador no puede replantear toda la prueba para sostener que el puesto ofertado era semejante al suyo.

4.4.4. Vacante sujeta a salario u horario distinto

Tampoco queda garantizado el horario anterior del trabajador por parte de la normativa, por lo que salvo ejercicio abusivo por parte del empresario en aquellos casos en que ofrezca el reingreso en condiciones tales que de hecho fuercen al trabajador a no hacerlo efectivo una vacante bajo otro horario podría ser ofrecida. (STSJ de Castilla-La Mancha n.º 80/2015, de 27 de enero de 2015, ECLI:ES:TSJCLM:2015:114).

En cualquier caso, el ofrecimiento de un horario distinto o un salario menor podría entenderse como una modificación sustancial de las condiciones de trabajo al afectar al horario y distribución del tiempo de trabajo y sistema de remuneración y cuantía salarial.

4.4.5. Vacante con otra jornada

La conversión de un trabajo a tiempo completo en un trabajo parcial y viceversa tendrá siempre carácter voluntario para la persona trabajadora, sin que pueda imponerse unilateralmente por la empresa, ni siquiera mediante una modificación sustancial de las condiciones de trabajo. (STC n.º 213/2005, de 21 de julio).

La STS, rec. 2355/2020, de 24 de mayo de 2023, ECLI:ES:TS:2023:2354, analiza si la reincorporación tras una excedencia voluntaria a tiempo parcial (siendo las condiciones originales a tiempo completo) supone una novación contractual. Para el TS, el trabajador puede aceptar el empleo a tiempo parcial manteniendo el derecho a la reincorporación a jornada completa si existe una vacante. Además, el trabajador no puede ser obligado a aceptar una conversión a tiempo parcial o completo unilateralmente por la empresa.

4.4.6. Vacante en otro centro de trabajo: movilidad geográfica

Respecto del lugar de reingreso, no existe un criterio claro, no obstante, al no hablar la ley de vacantes en el centro sino en la empresa, pudiera pensarse que el empresario cumple con las obligaciones establecidas en el artículo 46 del Estatuto de los Trabajadores si ofrece las vacantes que tenía aunque estas se encontraran en distinta localidad. La doctrina jurisprudencial ha fijado los siguientes principios (STS, rec. 521/2014, de 4 de febrero de 2015, ECLI:ES:TS:2015:981):

«La doctrina de la STS de 12/12/1988 es la siguiente. Comienza afirmando en su FD Segundo que, dado que es difícil, ante la parquedad de la regulación legal, determinar el concreto puesto de trabajo al que debe reingresar el excedente, "la solución interpretativa más ajustada a Derecho parece ser la de que el reingreso debe producirse en un puesto de trabajo de la misma localidad en la que prestaba sus servicios, ya que la pretensión unilateral de la empresa de que aquél reingrese en localidad distinta obstaculizaría gravemente el ejercicio del derecho del excedente a su reincorporación, alterando sustancialmente su situación original y posibilitando la asignación a éste de un puesto en el lugar que le fuera más gravoso a fin de hacerle desistir de su propósito de reingreso" Y a continuación, en el FD Tercero, extrae la consecuencia de dicha opción interpretativa en los siguientes términos: " De lo expuesto no puede deducirse que la negativa del actor a optar por ninguno de los puestos de trabajo que le fueron ofrecidos que implicaban un cambio de residencia lleve implícita una renuncia al Derecho que le corresponde como excedente voluntario, ni produzca, en consecuencia, la extinción del contrato de trabajó por dimisión del trabajador, al amparo del artículo 49.4.º del Estatuto de los Trabajadores, como erróneamente entendió el Magistrado sentenciador, sino que aquel queda, ante la inexistencia de vacante, en una situación de expectativa hasta que la vacante procedente se produzca, situación que equilibra las posiciones de empleado y empresario, ya que el primero no se ve obligado a trasladar su domicilio con los perjuicios que ello siempre acarrea y el segundo no se encuentra obligado a readmitir, de momento, al excedente que quedaría en situación expectante por tiempo indeterminado"».

> «Es cierto que el art. 46.5 ET se refiere a la empresa y no al centro de trabajo. Ello es lógico puesto que si se ofrece al trabajador un puesto de trabajo de su misma categoría o similar que no pertenezca al mismo centro de trabajo en el que trabajaba antes de la excedencia pero que no le obligue a cambiar de localidad de residencia esa oferta es adecuada. Pero de ahí a interpretar que también lo es cuando la ubicación del nuevo centro de trabajo le obligaría a dicho traslado va un largo trecho: el que separa una solución justa, equilibrada y respetuosa con los derechos de ambas partes, de una solución completamente desprovista de tales atributos, en cuanto supondría dejar, en la práctica, en manos del empresario la eficacia del derecho de reingreso del trabajador, vaciando de contenido el art. 46.5 cuya parquedad —por no decir, simple y llanamente, silencio respecto a la cuestión concreta debatida— se trata de integrar». (SSTS, rec. 521/14, de 4 de febrero de 2015, ECLI:ES:TS:2015:981 y rec. 2779/15, 13 de julio de 2017, ECLI:ES:TS:2017:3119).

El ofrecimiento/rechazo a un puesto vacante que obliga a un cambio de residencia, por tanto, no supone despido ni dimisión voluntaria, permaneciendo intacto el derecho expectante de la persona trabajadora a la primera plaza de su categoría o similar. Es decir, como se desprende de la doctrina jurisprudencial (SSTS n.º 618/2017, de 13 de julio de 2017, ECLI:ES:TS:2017:3119 y n.º 795/2017, de 11 octubre, ECLI:ES:TS:2017:3898), la empresa puede ofertar a la trabajadora otras vacantes que no reúnan las condiciones de idoneidad antes mencionadas, si no existen vacantes adecuadas; pero ante ello, la trabajadora puede optar entre rechazar la plaza que implica cambio de residencia, sin que ello suponga dimisión o renuncia a su derecho, que mantiene intacto; pero también (si le interesa la reincorporación inmediata y reanudar la relación laboral por las razones que fueren) aceptar por propia decisión la oferta de la empresa y ocupar el puesto en otra localidad, asumiendo voluntariamente la nueva situación contractual.

Del mismo modo, según la STSJ de Castilla-La Mancha, rec. 364/2017, de 8 de marzo de 2018, ECLI:ES:TSJCLM:2018:551, la mera oferta por la empresa de un puesto de trabajo alternativo al adecuado, en localidad cercana a la de su anterior destino (al no existir vacante adecuada en su domicilio), no equivale a la realización de un traslado unilateral de la trabajadora que permita a esta resolver su contrato de trabajo mediante la opción prevista en prevista en el párrafo tercero del art. 40.1 del ET, y todo ello sin haberse incorporado efectivamente al puesto de trabajo, reactivando la relación laboral.

4.4.7. Vacante producida con posterioridad a la petición de reingreso

El Tribunal Supremo ha tratado la cuestión sobre a partir de qué día incurre la empresa en mora en el cumplimiento del deber de reincorporar al excedente voluntario a su puesto de trabajo y si está obligada a indemnizarle por los daños y perjuicios causados por esa acción.

La doctrina unificada de la Sala Cuarta sobre la materia, resumidamente, viene situando el referido *dies a quo* en la fecha de presentación de la papeleta de conciliación previa a la demanda, cuando se trata de supuestos en los que la vacante se ha producido en fecha posterior a la petición de reingreso

(STS, rec. 1300/1994, de 14 de marzo 1995, ECLI:ES:TS:1995:1506 y STS, rec. 2004/1996, de 21 de enero de 1997, ECLI:ES:TS:1997:242 dictada por el Pleno de la Sala). Tal doctrina no se aplica, como dice la sentencia de 13 de febrero de 1998 (R. 1076/1997), cuando al terminar el periodo de excedencia existe vacante de la categoría del trabajador excedente, pues en este caso los daños y perjuicios, consistentes en el valor de los salarios dejados de percibir, salvo que se pruebe que son superiores o inferiores, serán los causados desde el día en que terminó la excedencia voluntaria. Como se puede observar la solución se determina en función de dos factores: La fecha de producción de la vacante y la de petición de reingreso.

Concretamente la STS, rec. 3322/2008, de 9 de junio de 2009, ECLI:ES:TS:2009:4931, establece que la petición de reingreso efectuada en momento en que no existe vacante idónea disponible, aun cuando ciertamente demuestra la voluntad del excedente para el que finaliza el periodo que abarca esta situación de que quede alzada la suspensión que pesa sobre su contrato de trabajo, no constituye, sin embargo, interpelación eficaz para constituir a su empresario en mora, dado que en tal momento el derecho al reingreso no es aún exigible, por lo cual dicha interpelación no debe generar los efectos resarcitorios que derivan de lo dispuesto por el citado art. 1100 Código Civil, en relación con el art. 1101 del mismo texto. La petición de reingreso, aun cuando en función de la buena fe y lealtad recíproca, debe dar lugar a que el empresario proporcione al trabajador que recaba información la de las vicisitudes de su plantilla que le afectan —información que también puede obtener de la representación unitaria o sindica—, no ha de producir, sin embargo, un desplazamiento de la responsabilidad en la gestión del propio interés que exima al trabajador de efectuar interpelación que fuera apta para generar la mora, por realizarse cuando la obligación es exigible e incluir ofrecimiento de puesta a disposición para la prestación de servicios, eludiendo con esto último lo que dispone el último párrafo del tantas veces citado art. 1100 Código Civil con relación a las obligaciones recíprocas.

> **CUESTIÓN**
>
> **¿Existe preferencia del excedente al reingreso frente a la conversión de contratos temporales en indefinidos con posterioridad a su solicitud de reincorporación?**
>
> La transformación de los contratos puede no suponer el acceso de personal externo a la empresa, pero evidencia la existencia de necesidad de mano de obra permanente y de las características del trabajador excedente. Por consiguiente, se pone de relieve la existencia de puestos de trabajo que se acomodan a esa preferencia de reingreso.
>
> Frente a lo anterior, según argumenta la STS, rec. 322/2014, de 12 de febrero de 2015, ECLI:ES:TS:2015:702:
>
> *«no cabe aceptar que los trabajadores temporales y/o a tiempo parcial tengan un derecho preferente al del propio actor, en tanto la obligación de la empresa de reincorporarle había nacido ya en el momento en que, solicitado el reingreso, aparecen necesidades que han de cubrirse con otros trabajadores. Como hemos indicado, la situación aquí es completamente diferente de la que analizábamos en las sentencias anteriores, puesto que ya no se trata de una reorganización de los recursos humanos durante el periodo de excedencia del trabajador, sino de la que se lleva a cabo prescindiendo del derecho al reingreso».*

4.4.8. Vacante en otra empresa del grupo

El concepto de grupo laboral de empresas y, especialmente, la determinación de la extensión de la responsabilidad de las empresas del grupo depende de cada una de las situaciones concretas que se deriven de la prueba que en cada caso se haya puesto de manifiesto y valorado, sin que se pueda llevar a cabo una relación numérica de requisitos cerrados para que pueda entenderse que existe esa extensión de responsabilidad. (STSJ de Castilla y León n.º 585/2014, de 24 de septiembre de 2014, ECLI:ES:TSJCL:2014:4142).

CUESTIÓN

Si me deniegan la incorporación, ¿qué hago?

Frente a la negativa empresarial al reingreso el trabajador dispone de dos vías alternativas para impugnar dicha decisión:

– Para los supuestos en que la negativa al reingreso manifieste la voluntad inequívoca de tener por extinguida la relación laboral, el trabajador deberá interponer una **demanda por despido.**

– Para los supuestos en que la empresa no niega la existencia de relación entre las partes ni el derecho al reingreso, pero rechaza por el momento la reincorporación, bajo el pretexto de que no existen vacantes, se puede interponer una **demanda declarativa de reconocimiento de existencia de vacante.** Junto con la demanda declarativa de reincorporación, el excedente voluntario cuya reincorporación se produzca de forma no acorde con la normativa reglamentaria tiene derecho a una indemnización de daños y perjuicios (normalmente limitada al salario que hubiese correspondido desde la solicitud de reingreso hasta su efectiva reincorporación).

5.
RECLAMACIONES JUDICIALES RELACIONADAS CON LA EXCEDENCIA LABORAL

De conformidad con el art. 46.5 del Estatuto de los Trabajadores «el trabajador en excedencia voluntaria conserva solo un derecho preferente al reingreso en las vacantes de igual o similar categoría a la suya que hubiera o se produjeran en la empresa».

En este precepto interesa destacar el énfasis que ha puesto el legislador en precisar que el excedente voluntario «solo» conserva un derecho «preferente» para reingresar en las vacantes que pudieren existir en la empresa de igual o similar categoría a la suya. De lo que se desprende (como hemos reiterado a lo largo de la obra) que no ha venido a reconocer un derecho automático e incondicionado al reingreso, ni tan siquiera un derecho a secas y sin otro calificativo, sino un derecho al que de forma expresa asigna el adjetivo «preferente», para significar con ello que se trata de reconocer simplemente una preferencia, primacía o ventaja sobre otra persona, a la hora de ocupar cualquier vacante de igual o similar categoría que pudiere existir en la empresa.

Todas estas circunstancias son las que delimitan el marco jurídico sobre el que opera la institución, tanto durante la vigencia del periodo de excedencia, como en el momento en el que el trabajador pretende ejercitar su preferencia al solicitar el reingreso en la empresa. (SJS - Albacete n.° 280/2018, de 23 de julio de 2018, ECLI:ES:JSO:2018:3822).

Como se deriva de la múltiple doctrina analizada hasta el momento es preciso recordar que la decisión de la empresa de denegar la reincorporación no constituye una decisión que frustre el derecho expectante que goza el trabajador, siendo por ello que frente a tal negativa la parte puede someter al control judicial la legalidad de su readmisión, dándose en la práctica **dos supuestos** (STS, rec. 3405/1999, de 30 de junio de 2000, ECLI:ES:TS:2000:5370):

– Cuando la empresa no niega la existencia de relación entre las partes ni el derecho al reingreso, pero rechaza por el momento la reincorporación, bajo el pretexto de que no existen vacantes, donde procedería interponer una **demanda declarativa de reconocimiento de existencia de vacante**.

– Cuando la negativa al reingreso manifieste la voluntad inequívoca de tener por extinguido la relación laboral, el trabajador deberá interponer una **demanda por despido ante la negativa a reincorporación**.

La **utilización equivocada de una u otra vía**, al margen de las consecuencias negativas que pueda llevar consigo, desde un punto de vista procesal, dificulta, en todo caso, la viabilidad de la pretensión, pues mal podrá calificarse como nulo o improcedente un despido que no ha existido, y mal podría accederse al reconocimiento del derecho a reingreso, con respecto a la relación laboral extinguida por despido no impugnado. (STS n.º 818/2022, de 7 de octubre de 2022, ECLI:ES:TS:2022:3830).

A TENER EN CUENTA. La doctrina ha fijado un criterio claro entre despido y negativa al reingreso en la excedencia, afirmando que cuando el trabajador solicita el reingreso y la empresa no contesta a su petición o la rechaza, pretextando falta de vacante o circunstancias análogas que no suponen el desconocimiento del vínculo existente entre las partes, el trabajador podrá ejercitar la acción de reingreso, mientras que cuando se produce una negativa rotunda e inequívoca, que implica el rechazo de la existencia de algún vínculo existente entre las partes, la acción que debe ser ejercitada frente a ella es la de despido, en cuyo caso, existe una clara constancia y evidencia de la oposición empresarial a la continuidad de la relación laboral.

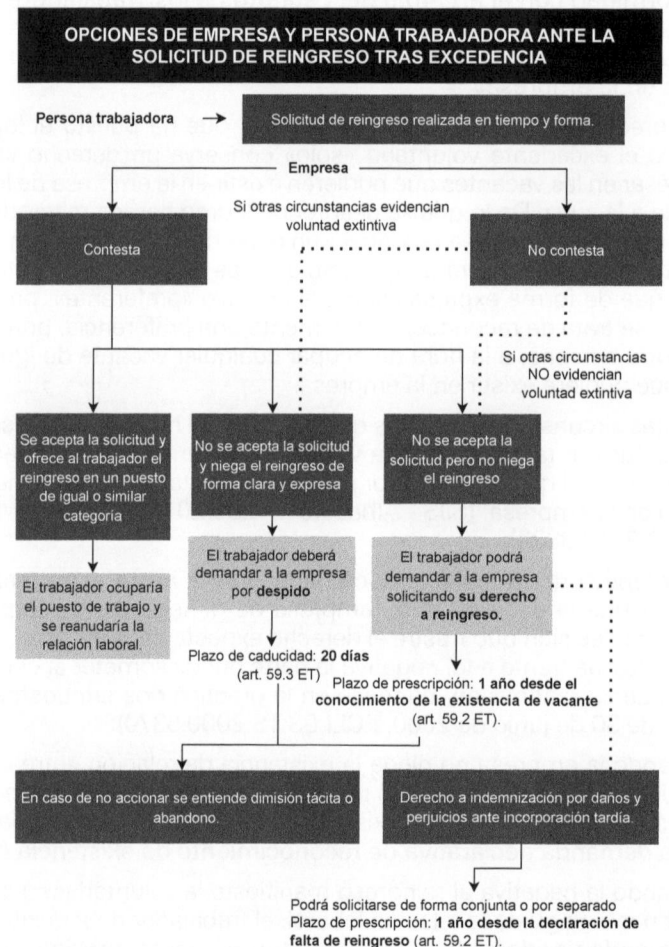

JURISPRUDENCIA

STS n.º 218/2023, de 22 de marzo de 2023, ECLI:ES:TS:2023:1203

Aún pasados cinco años de la última comunicación empresarial existe derecho a reingreso tras una excedencia voluntaria.

STS, rec. 2043/2012, de 23 de septiembre de 2013, ECLI: y STS, rec. 134/2019, de 31 de mayo de 2022, ECLI:

Cuando un trabajador en situación de excedencia voluntaria solicita su reingreso y la empresa se limita a denegar el reingreso en el momento de la solicitud por inexistencia de vacante, en caso de que se ejercite la acción de despido, reiterados pronunciamientos de este tribunal han argumentado que la inexistencia de despido comporta la desestimación de la demanda.

STS, rec. 3340/2011, de 24 de abril de 2012, ECLI:

Enjuicia la falta de llamamiento de un trabajador fijo-discontinuo y llega a la conclusión de que no había habido voluntad resolutoria del empresario, por lo que declaró que no existía despido, sin perjuicio de que el trabajador pudiera reclamar por la falta de llamamiento.

STS, rec. 2507/1995, de 23 de enero de 1996, ECLI:ES:TS:1996:307

Se establecen dos vías legales para que los trabajadores impugnen la negativa empresarial a su reingreso tras una excedencia voluntaria. Estas vías son el proceso de despido y el proceso ordinario, dependiendo de la naturaleza de la negativa empresarial.

STS, rec. 1397/1991, de 21 de febrero de 1992, ECLI:ES:TS:1992:1401

El Tribunal Supremo indicaba en términos tajantes:

«Nuestra doctrina entiende que en tales circunstancias es al empresario a quien hay que exigir una respuesta explícita e inequívoca, sin que pueda pedirse al trabajador —que está fuera de la empresa, por su condición de excedente— un proceso de investigación, difícil y complicado, sobre la realidad y situación de las plantillas. De todo ello ha de seguirse la conclusión que ya se adelantó: que el comienzo del cómputo del plazo de prescripción ha de situarse en el momento en que el trabajador tenga conocimiento de la existencia de vacante».

RESOLUCIONES RELEVANTES

STSJ de Castilla y León n.º 3811/2019, de 30 de septiembre de 2019, ECLI:ES:TSJCL:2019:3811

El TSJ Castilla y León desestima demanda contra despido disciplinario validando la pérdida del derecho a la reincorporación tras excedencia si no se respeta el plazo establecido por convenio para la solicitud de reincorporación.

STSJ de Madrid, rec. 494/2011, de 4 de noviembre de 2011, ECLI:ES:TSJM:2011:11773, donde se cita la STS, rec. 3876/2004, de 6 de octubre de 2005, ECLI:ES:TS:2005:5946

Se aborda la cuestión de la carga probatoria en casos de existencia de vacante en excedencia voluntaria, estableciendo que corresponde a la empresa, y no al trabajador, demostrar la existencia o inexistencia de una vacante en un momento concreto. Esta decisión se fundamenta en la doctrina de la proximidad o facilidad probatoria, consagrada en el art. 217 de la LEC.

STSJ de Comunidad Valenciana n.º 2263/2012, de 19 de septiembre de 2012, ECLI:ES:TSJCV:2012:6010

Aborda la compatibilidad entre el ejercicio de la acción extintiva y la situación de excedencia voluntaria en el ámbito laboral. La sentencia aclara que la excedencia voluntaria no extingue el contrato de trabajo, sino que suspende las obligaciones recíprocas de prestar servicios y remunerar los mismos, permitiendo a las partes ejercer acciones extintivas.

STSJ de Asturias n.º 884/2020, de 12 de junio de 2020, ECLI:ES:TSJAS:2020:1377

«(...) en los casos de alegación empresarial de inexistencia de vacantes, el plazo de prescripción de la acción del trabajador excedente para la reincorporación no corre hasta que la empresa le comunique la existencia de vacante o el trabajador excedente conozca tal circunstancia por otro medio».

5.1. Demanda por despido ante la negativa a reincorporación

Cuando a la petición de reincorporación, el empresario se opone de manera abierta, clara y terminante, y lo hace en términos que, en realidad, equivalen a un rechazo del derecho básico del trabajador excedente, a una actual o futura reinserción, y con ello, lo está excluyendo o extrañando de la plantilla, esta actitud supone **despido**; entrando en juego el **plazo de veinte días**, señalado por el **art. 59.3 del ET** para la reclamación al efecto.

Una vez celebrado o intentado el acto de conciliación sin avenencia, el trabajador deberá presentar la correspondiente demanda ante el Juzgado de lo Social. Allí aportará el justificante del resultado del acto de conciliación (acta de conciliación), o la copia de la reclamación previa en su caso.

La persona trabajadora solicitará el reconocimiento de la improcedencia del despido siguiendo los requisitos, forma y contenido, regulados para el proceso ordinario de despido, conforme a los **artículos 103 a 113 de la LRJS**, de los que serán de aplicación supletoria los artículos **80 a 101** de la misma norma.

Pese a las peculiaridades que presenta la excedencia (no olvidemos que se interrumpe la prestación de servicios, el pago de salarios y el cómputo de la antigüedad), supone según la STS, rec. 2757/2002, de 12 de marzo de 2003, ECLI:ES:TS:2003:1698, la necesaria valoración de **dos fases a la hora de fijar la base reguladora de la posible indemnización por despido**:

1. Dependiente de una condición, hasta que se haya materializado la expectativa nominada como derecho preferente a una vacante, etapa en la que el trabajador no genera derecho alguno en materia de salarios, prestación de servicios y antigüedad.

2. A partir del momento en que dicha materialización se produce. A partir de ese momento no hay diferencia en cuanto a tales aspectos entre un trabajador excedente y otro que se encuentra en plantilla y de ahí que las consecuencias deban ser idénticas entre ambos.

Dado que el despido se origina desde el momento en que la empresa no reincorpora al trabajador haciendo inoperante el artículo 46.5 del Estatuto de los Trabajadores, para el cálculo de la indemnización por despido **se utilizará como módulo el salario vigente en la fecha en que debió producirse la reincorporación «y no la que rigiera en el pasado»**.

> **JURISPRUDENCIA**
>
> **STS n.º 818/2022, de 7 de octubre de 2022, ECLI:ES:TS:2022:3830**
>
> **Cuando se demanda por despido (y no derecho a reingreso) la reconducción procedimental no es posible:**
>
> *«(...) la reconducción de la demanda, conforme a lo dispuesto en el art. 102 LRJS, no es viable, porque nunca reclamó su derecho a la ocupación efectiva, ni solicitó la condena al empresario al reingreso en su puesto de trabajo tan pronto como hubiera una vacante. Por ello, la reconducción procedimental, solicitada por la parte recurrente requeriría una modificación del escrito de demanda, a fin de que se suprimiese la solicitud de que se declare la improcedente del despido con las consecuencias legales y que constase en él la petición de que se condenase a la empresa a readmitir a la trabajadora tan pronto como hubiera una vacante, so pena de causar indefensión a la parte contraria».*

5.2. Demanda declarativa de reconocimiento de existencia de vacante

Otra situación posible aparece cuando el empresario da por supuesto o sobrentendido el derecho del trabajador, que como dependiente suyo sigue tratando, pero niega de momento la reincorporación, so pretexto de que no existe vacante, hecho a que aquella se condiciona por el art. 45.6 del ET; en este caso, sería la **producción de vacante**, conocida además por el trabajador, la que pondría en marcha el tracto prescriptivo, cuyo plazo pasa a ser ahora el de **un año** que, con carácter general, establece el **art. 59.2 del ET**.

La persona trabajadora solicitará que se declare su derecho a reincorporarse a la empresa demanda en un puesto de igual o similar categoría al que venía ostentando antes de la situación de excedencia voluntaria de forma inmediata, con abono de una indemnización en concepto de daños y perjuicios derivados de su no incorporación (nuevamente mediante el procedimiento ordinario regulado en los arts. 80-82 y 103-113 de la LRJS).

Indemnización de daños y perjuicios por falta de reincorporación tras excedencia

Junto con la demanda declarativa de reincorporación, el excedente voluntario cuya reincorporación se produzca de forma no acorde con la normativa reglamentaria tiene derecho a una indemnización de daños y perjuicios (normalmente limitada al salario que hubiese correspondido desde la solicitud de reingreso hasta su efectiva reincorporación). Es reiterada la doctrina unificada por la cual (STS, rec. 148/2014, de 4 de febrero de 2015, ECLI:ES:TS:2015:1374):

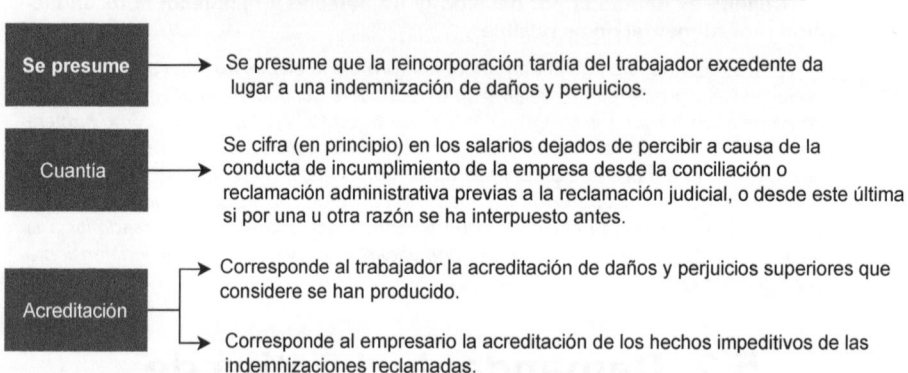

INDEMNIZACIÓN DE DAÑOS Y PERJUICIOS POR FALTA DE REINCORPORACIÓN TRAS EXCEDENCIA

STS, rec. 148/2014, de 4 de febrero de 2015, ECLI:ES:TS:2015:1374

Se presume → Se presume que la reincorporación tardía del trabajador excedente da lugar a una indemnización de daños y perjuicios.

Cuantía → Se cifra (en principio) en los salarios dejados de percibir a causa de la conducta de incumplimiento de la empresa desde la conciliación o reclamación administrativa previas a la reclamación judicial, o desde este última si por una u otra razón se ha interpuesto antes.

Acreditación
→ Corresponde al trabajador la acreditación de daños y perjuicios superiores que considere se han producido.

→ Corresponde al empresario la acreditación de los hechos impeditivos de las indemnizaciones reclamadas.

Como recuerda entre otras la STSJ de las Is. Baleares n.º 164/2017, de 16 de mayo de 2017, ECLI:ES:TSJBAL:2017:345, la Sala IV del Tribunal Supremo aborda el derecho a indemnización por reincorporación tardía del trabajador excedente a plazas vacantes de su categoría o similar aplicando la doctrina general sobre la acción resarcitoria (art. 1101 del CC) de forma que corresponde al acreedor la prueba y cuantificación de los posibles perjuicios causados «(...) puesto que la obligación del incumplimiento por uno de los contratantes, para que nazca y sea exigible precisa se demuestre la realidad de haberse producido aquéllos, sin que pueda derivarse la misma de supuestos meramente posibles pero de resultados inseguros y desprovistos de certidumbre, pues en tal caso perdería la indemnización su natural carácter, adquiriendo el de una sanción». En la misma línea, la sentencia de 24 de enero de 1987 reafirmó que el trabajador puede exigir «la reparación de los perjuicios que el retraso en la reincorporación haya podido provocarle siempre que aquéllos sean imputables al empresario y se pruebe su existencia», añadiendo que dichos perjuicios pueden cifrarse en la cuantía de los salarios dejados de percibir como consecuencia de la tardanza en la reincorporación.

En estos casos, el daño o perjuicio a indemnizar se presume por la mera constatación de que el trabajador no obtuvo «ganancias por su trabajo», y debe ser compensado con los salarios correspondientes «desde que se reclamó judicialmente el derecho a la citada reincorporación»; esta fijación de la indemnización por vía de presunción (continúa la misma sentencia) admitiría la prueba en contrario de la existencia del daño si la empresa demostrare el hecho impeditivo de la obtención por parte del trabajador de «ganancias por su trabajo por cuantía equivalente al salario que hubiera percibido de haberse producido la reincorporación de manera tempestiva». Este sistema de fijación de la indemnización fue luego aceptado en la sentencia de 26 de junio de 1990, con la matización de que el *dies a quo* para el cálculo de la indemnización por ganancias dejadas de percibir se adelanta, en su caso, desde el momento de la reclamación judicial al momento anterior de iniciación del trámite preceptivo de evitación del proceso (conciliación o reclamación administrativa previa) y podemos supeditarlo a una serie de **reglas** (FES Murcia. Excedencia Voluntaria. Sector seguridad privada y afines. Abril 2009):

- **STS, rec. 1076/1997, de 13 de febrero de 1998, ECLI:ES:TS:1998:949:** el *dies a quo* para el cómputo de la indemnización (salarios devengados) es la fecha de terminación del período de excedencia.

- **STS, rec. 2004/1996, de 21 de enero de 1997, ECLI:ES:TS:1997:242:** de existir vacante en la fecha en que se pidió el reingreso o con posterioridad, el resarcimiento ha de computarse desde el momento en que se presenta la papeleta de conciliación.

- **STS, rec. 2469/1999, de 5 de junio de 2000, ECLI:ES:TS:2000:4584:** para la configuración del salario regulador pueden tenerse en cuenta «otros criterios que puedan hacerse valer según las peculiaridades o circunstancias de cada caso y sin perjuicio, asimismo, de la prueba contraria».

- **STS, rec. 2438/1998, de 22 de marzo de 1999, ECLI:ES:TS:1999:1988:** los daños que se reclaman no se derivan solo de la decisión de la empresa de no reincorporar a la persona trabajadora en su puesto de trabajo si no que se producen por la situación de encontrase sin empleo, situación que causa los daños durante un determinado lapso temporal, y por ello los daños producidos no pueden cuantificarse hasta que concluye la situación que los produce. Es decir, el *dies a quo* a partir del cual se computa la posibilidad de reclamar los perjuicios causados al trabajador por una mora en la reincorporación tras una excedencia será un año a partir de la sentencia judicial en la que se declara ilegal el no reingreso. Este aspecto es de suma relevancia en el caso de que se opte por reclamar la indemnización de forma separada a la acción declarativa de derecho a reingreso.

6.
POSIBLES INCIDENCIAS EN CASO DE EXCEDENCIA LABORAL

Analizamos distintas situaciones que pueden afectar al trabajador en situación de excedencia

6.1. Cambio en la titularidad de la empresa

Desde el punto de vista laboral se considerará que existe sucesión de empresa cuando la transmisión afecte a una entidad económica que mantenga su identidad, entendida como un conjunto de medios organizados a fin de llevar a cabo una actividad económica, esencial o accesoria. El artículo 44.1 del Estatuto de los Trabajadores regula la subrogación empresarial con el siguiente literal:

> «1. El cambio de titularidad de una empresa, de un centro de trabajo o de una unidad productiva autónoma no extinguirá por sí mismo la relación laboral, quedando el nuevo empresario subrogado en los derechos y obligaciones laborales y de Seguridad Social del anterior, incluyendo los compromisos de pensiones, en los términos previstos en su normativa específica, y, en general, cuantas obligaciones en materia de protección social complementaria hubiere adquirido el cedente».

Del mismo modo, la Directiva 2001/23/CE del Consejo, de 12 de marzo de 2001, impone que los derechos y obligaciones que resulten para el cedente de un contrato de trabajo o de una relación laboral existente en la fecha del traspaso, serán transferidos al cesionario como consecuencia de tal traspaso. (STSJ de Cataluña n.º 5065/2018, de 2 de octubre de 2018, ECLI:ES:TSJCAT:2018:7088).

Los efectos de la subrogación empresarial operan si durante la excedencia del trabajador se produce un cambio en la titularidad de la empresa. El nuevo empresario se verá subrogado en las obligaciones del anterior respecto al trabajador excedente. No obstante:

- La negativa del trabajador excedente a la subrogación será normalmente considerada como una baja voluntaria dado que todas las condiciones se mantienen con la entrada de la nueva empresa. En el supuesto de que las condiciones de trabajo propuestas por el cesionario constituyan una modificación sustancial de las condiciones de trabajo, esto supondría una la ruptura de la relación laboral imputable al empresario cesionario y originaría el derecho a indemnización con 20 días.

– Un convenio colectivo puede modificar el régimen jurídico de la excedencia voluntaria previsto en el convenio anterior. Tal y como analiza la STSJ de Madrid n.º 46/2006, de 30 de enero de 2006, ECLI:ES:TSJM:2006:1038, es posible que a través de un nuevo convenio colectivo pueda establecerse que las reformas sobre excedencia voluntaria en él introducidas, alcancen también a las situaciones de excedencias anteriores, siempre y cuando así se ordene claramente en el nuevo convenio.

JURISPRUDENCIA

STS, rec. 4860/2004, de 5 de diciembre de 2005, ECLI:ES:TS:2005:7668

Analizando el caso de una empresa de limpieza que sucede a otra en la adjudicación de una contrata, siguiendo el art. 24 del convenio colectivo de limpieza de edificios y locales de Madrid es necesario subrogar al trabajador en excedencia

«(...) los trabajadores de la empresa contratista saliente, pasaran a estar adscritos a la nueva titular de la contrata, que se subroga en todos los derechos y obligaciones, siempre que se de alguno de los supuestos allí enumerados, entre estos es trabajadores que en el momento del cambio de titularidad de la contrata se encuentre enfermos, en excedencia o en situación análoga siempre y cuando hayan prestado sus servicios en el centro con anterioridad a la suspensión de su contrato y reúnan la antigüedad mínima de cuatro meses».

6.2. Derecho a cobrar la prestación por desempleo

La normativa [art. 267.2 a) de la LGSS] no establece que la excedencia voluntaria se considere una situación legal de desempleo debido a que **el trabajador conserva un derecho preferente de reingreso en la empresa**. Sin embargo, existen circunstancias bajo las cuales un trabajador en excedencia voluntaria podría acceder a la prestación por desempleo (STSJ de Navarra n.º 42/2006, de 23 de febrero de 2006, ECLI:ES:TSJNA:2006:93 y STS, rec. 316/2002, de 18 de septiembre de 2002, ECLI:ES:TS:2002:5948), y es que, puede producirse la finalización de la relación laboral por causas no imputables a la trabajadora durante la prestación de servicios en una empresa distinta a la que concedió la excedencia. En este caso, si el excedente solicitase la prestación por desempleo, podría tener derecho a la misma si la duración de la excedencia voluntaria no ha finalizado en el momento de la situación legal de desempleo y hasta que se pueda hacer efectiva su reincorporación a la empresa en la que está excedente (arts. 262, 266 y 267 de la LGSS).

A TENER EN CUENTA. Actualmente, pasando por encima del tradicional criterio restrictivo por parte del SPEE, doctrina y jurisprudencia están entendiendo el derecho al cobro de desempleo a pesar de no solicitar la reincorporación a la empresa. (STS, rec. 4645/2017, de 5 de marzo de 2019, ECLI:ES:TS:2019:996; STS, rec. 749/2000, de 24 de marzo de 2001, ECLI:ES:TS:2001:2425; STS, rec. 5582/2003, de 29 de diciembre de 2004, ECLI:ES:TS:2004:8518, y STSJ de Galicia, rec. 1587/2023, de 16 de octubre de 2023, ECLI:ES:TSJ-GAL:2023:6897 y STSJ de Galicia, rec. 2148/2021, de 30 de septiembre de 2021, ECLI:ES:TSJGAL:2021:5771, entre otras).

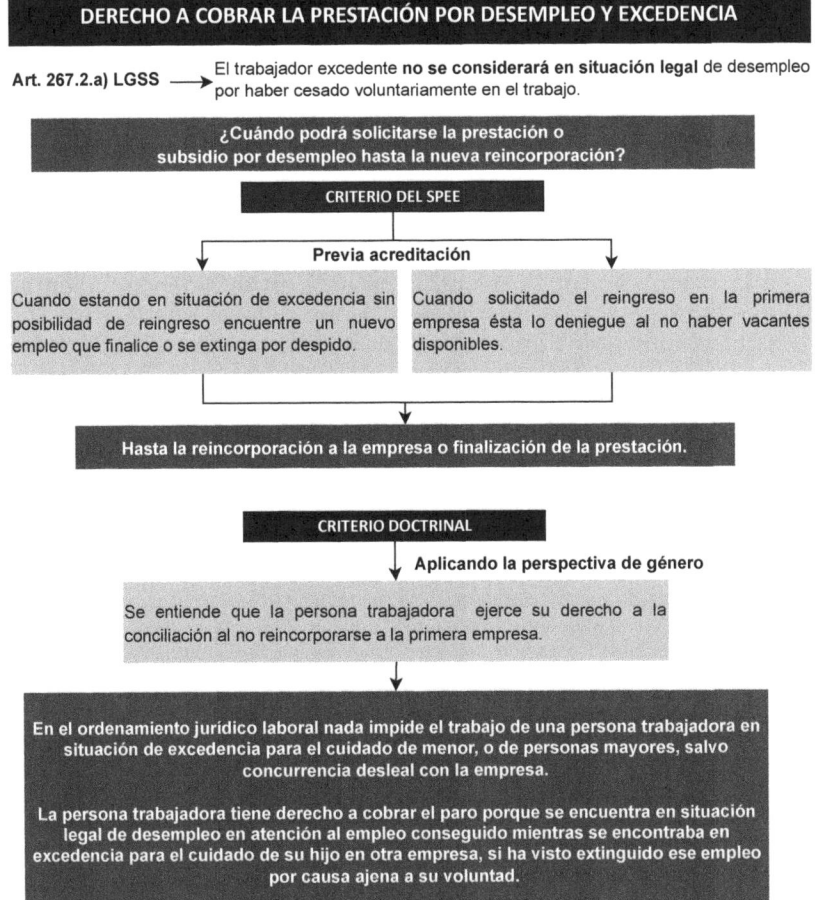

DERECHO A COBRAR LA PRESTACIÓN POR DESEMPLEO Y EXCEDENCIA

Art. 267.2.a) LGSS ⟶ El trabajador excedente **no se considerará en situación legal** de desempleo por haber cesado voluntariamente en el trabajo.

¿Cuándo podrá solicitarse la prestación o subsidio por desempleo hasta la nueva reincorporación?

CRITERIO DEL SPEE

Previa acreditación

Cuando estando en situación de excedencia sin posibilidad de reingreso encuentre un nuevo empleo que finalice o se extinga por despido.

Cuando solicitado el reingreso en la primera empresa ésta lo deniegue al no haber vacantes disponibles.

Hasta la reincorporación a la empresa o finalización de la prestación.

CRITERIO DOCTRINAL

Aplicando la perspectiva de género

Se entiende que la persona trabajadora ejerce su derecho a la conciliación al no reincorporarse a la primera empresa.

En el ordenamiento jurídico laboral nada impide el trabajo de una persona trabajadora en situación de excedencia para el cuidado de menor, o de personas mayores, salvo concurrencia desleal con la empresa.

La persona trabajadora tiene derecho a cobrar el paro porque se encuentra en situación legal de desempleo en atención al empleo conseguido mientras se encontraba en excedencia para el cuidado de su hijo en otra empresa, si ha visto extinguido ese empleo por causa ajena a su voluntad.

JURISPRUDENCIA

STS, rec. 749/2000, de 24 de marzo 2001, ECLI:ES:TS:2001:2425

Se analiza la existencia de situación legal de desempleo en un caso singular. Un trabajador en excedencia voluntaria en una Administración pública que trabaja para una empresa y fue despedido. El TS reconoce su derecho a la prestación por desempleo si no pueden solicitar su reingreso en el puesto original.

6.3. Trabajo para otras empresas durante la excedencia laboral

Durante la vigencia de la relación laboral la obligación de la persona trabajadora de no incurrir en competencia desleal con su empleadora es parte del deber de buena fe. Dado que la excedencia voluntaria no implica una extinción del contrato laboral, sino su suspensión [art. 45.a) del ET], durante la situación analizada se mantiene vivo el deber básico del trabajador de no concurrir con la actividad de la empresa [art. 5. d) del ET]. (STSJ de Andalucía, rec. 295/2002, de 26 de abril de 2002, ECLI:ES:TSJAND:2002:6512).

Este apartado requiere las siguientes matizaciones:

- La concurrencia desleal es causa de despido disciplinario por transgresión de la buena fe contractual.

- La inexistencia de pacto de no concurrencia no legitima para el desvío de la cartera de clientes a otra empresa. No obstante, el despido disciplinario por realización de trabajos para otra empresa dedicada a la misma actividad mientras se está en excedencia voluntaria sin acreditar perjuicios, pérdidas o daños para la empleadora, ha sido considerado como improcedente en algunos casos. (STSJ de Navarra n.º 53/2010, de 25 de febrero de 2010, ECLI:ES:TSJNA:2010:55).

- Los convenios colectivos pueden incluir cláusulas de prohibición de concurrencia que en el supuesto de ser infringidas deriven en la pérdida del derecho a reingreso por parte del excedente.

JURISPRUDENCIA

STS, rec. 1383/2007, de 14 de mayo de 2008, ECLI:ES:TS:2008:3358

El Tribunal Supremo considera válida la cláusula por la que se condiciona el reingreso de un trabajador a la empresa en la que había solicitado excedencia voluntaria a que no se hayan prestado servicios en empresa de la competencia durante el periodo excedente.

RESOLUCIONES RELEVANTES

STSJ de Madrid n.º 973/2008, de 2 de diciembre de 2008, ECLI:ES:TSJM:2008:23962

«(...) se trata de una excedencia que, como ya se ha dicho, claramente trata de potenciar las posibilidades de los trabajadores de atender al cuidado de sus hijos, sin que ello implique merma o perjuicio alguno para los mismos en el mercado de trabajo, y por esta razón, se les reconoce el derecho a la reserva del puesto de trabajo y al propio tiempo será computable a efectos de antigüedad; y sin embargo, desde el primer momento y sin comunicarlo en ningún momento a la empresa, el recurrente la utilizó para una finalidad muy distinta (...), esto es, para desarrollar el mismo trabajo que venía prestando en la empresa y para el que solicitó la excedencia, y tal comportamiento no puede ser visto sino como desleal y contrario a la buena fe contractual, cuya trasgresión tiene la suficiente trascendencia como para justificar la causa de despido del art. 54.2.d) del Estatuto de los Trabajadores, al concurrir tanto el elemento

objetivo como es la existencia de un lucro personal derivado del ejercicio de la actividad comercial en los términos descritos y el elemento subjetivo al haber utilizo de forma deliberada una excedencia muy concreta, cuando lo realmente perseguido era desarrollar una actividad profesional durante dos años, pero con la garantía de poder volver en cualquier momento a su antiguo puesto de trabajo».

STSJ de Cantabria n.º 645/2010, de 27 de julio de 2010, ECLI:ES:TSJCANT:2010:1385

Estudia un supuesto de una trabajadora que había solicitado la excedencia por un año por cuidado de familiar durante la cual se da de **alta en el RETA**. A juicio del TSJ el trabajo que desempeñaba por cuenta propia era incompatible con el objetivo de la excedencia para cuidado de su padre; esto junto con la continuidad en excedencia tras la muerte de éste, supone la procedencia del despido.

CUESTIONES

1. ¿Es posible la utilización de una excedencia por cuidado de hijos para el desempeño de trabajo en otra empresa?

No existe regulación normativa o un criterio jurisprudencial definido acerca de la posible incompatibilidad de la excedencia por cuidado de hijo y la realización de un trabajo remunerado. De no existir competencia desleal o pacto de no concurrencia sería posible.

En este sentido se ha pronunciado la STSJ de Madrid n.º 263/2009, de 14 de abril de 2009, ECLI:ES:TSJM:2009:1832: «si se aprecia que el nuevo trabajo, desde un punto de vista razonable y objetivo, facilita de alguna forma el cuidado del hijo no cabe, en nuestra opinión, apreciar incumplimiento alguno por parte del trabajador. En efecto, a veces una pequeña mejora en las condiciones de trabajo puede implicar un cambio sustantivo para la conciliación vida-trabajo».

2. La persona trabajadora que presta servicios para otra empresa de la competencia durante la situación de excedencia voluntaria, ¿perdería el derecho al reingreso preferente?

Los convenios colectivos tienen la posibilidad de regular condiciones de ejercicio del derecho a la excedencia voluntaria. Corresponde al convenio aplicable, por tanto, fijar normas limitativas fundadas en circunstancias propias de la relación laboral para evitar las posibles situaciones de competencia desleal.

Como ejemplo el art. 96.3 del VII Convenio colectivo general del sector de la construcción (BOE n.º 228 de 23/09/2023) establece como requisito de las situaciones de excedencia voluntaria: «Durante el período de excedencia, la persona trabajadora no podrá prestar sus servicios en otra empresa que se dedique a la misma actividad. Si así lo hiciera, perderá automáticamente su derecho de reingreso».

La STSJ de Cataluña n.º 3968/2015, de 16 de junio de 2015, ECLI:ES:TSJCAT:2015:6144, ratifica la pérdida del derecho al reingreso preferente en caso de «competencia durante la situación de excedencia voluntaria fijada por convenio».

6.4. Sustitución del trabajador excedente

Es doctrina ya unificada por la Sala Cuarta del Tribunal Supremo que el derecho potencial o expectante del trabajador en excedencia voluntaria sólo puede ejercerse de manera inmediata cuando su mismo puesto de trabajo, u otro similar o equivalente, se encuentre disponible en la empresa, y ello no ocurre cuando la plaza del trabajador excedente voluntario fue cubierta con una nueva contratación o cuando, como es aquí el caso, fue amortizada por reasignación de sus cometidos laborales a otros trabajadores. (STS, rec. 4799/2004, de 14 de febrero de 2006, ECLI:ES:TS:2006:2001 y STS, rec. 1500/2009, 21 de enero de 2010, ECLI:ES:TS:2010:497, entre otras).

El derecho preferente al reingreso del trabajador en excedencia voluntaria es un derecho potencial o expectante, condicionado a la existencia de vacante en la empresa, y no un derecho incondicionado, ejercitable de manera inmediata en el momento en que aquel exprese su voluntad de reingreso. Si la excedencia voluntaria no comporta para el empresario el deber de reservar al trabajador el puesto de trabajo desempeñado con anterioridad, ello quiero decir que **el empresario puede disponer de la plaza vacante, bien contratando a otro trabajador para el desempeño de la misma, bien reordenando los cometidos laborales que la integran, bien incluso procediendo a la amortización de la misma, resultando lícito que la empresa disponga de la plaza en el correcto ejercicio de sus facultades de dirección y organización del trabajo.**

JURISPRUDENCIA

STS, rec. 404/2016, de 8 de febrero de 2018, ECLI:ES:TS:2018:754

«La sentencia entendió que, si bien es cierto que se han producido vacantes en puestos de trabajo de la misma categoría que el ocupado por el actor —uno por declaración de la trabajadora en situación de IPT, cinco por despido disciplinario y dos por renuncia del propio trabajador—, dichas extinciones de contrato no imponen a la empleadora la obligación de cubrirlos, como pretende el actor. Continúa razonando que asistiría la razón al actor si después de las aludidas extinciones —o producido el traslado referido— la demandada hubiera incorporado a otro trabajador a través de nuevo contrato, al tener el excedente voluntario clara preferencia en ocuparlo, pero no si una vez producidas las extinciones, o el cambio de puesto, no hay actuación alguna tendente a cubrir alguno de los puestos de trabajo. En definitiva, no cabe confundir o identificar lo que la norma estatutaria invocada señala como "derecho preferente al reingreso en las vacantes de igual o similar categoría a la suya que hubiera o se produjeran en la empresa" con el deber de la empresa de llamar al trabajador excedente cuando tiene lugar alguno de los supuestos referidos, si no se ha contratado a personal externo.

Continúa razonando que, en consecuencia, la manifestación de la empresa de inexistencia de vacantes, se acredita en el presente caso, pues es lícito que una vez producidas las extinciones contractuales y el traslado de una trabajadora a otro puesto, la empresa disponga de las plazas sin proceder a cubrirlas con trabajador contratado, en el correcto ejercicio de sus facultades de dirección y organización de trabajo».

6.5. Faltas cometidas en situación de excedencia

La transgresión de la buena fe exige la presencia de un elemento doloso que ha de incluirse en el art. 54.2 d) del Estatuto de los Trabajadores y que tenga gravedad suficiente para justificar la sanción de despido. La empresa puede, por tanto, despedir al trabajador por faltas cometidas durante la situación de excedencia. Un ejemplo de esto lo encontramos en la sentencia del Tribunal Supremo de 23 de mayo de 1990, ECLI:ES:TS:1990:3910, donde se procede al despido por transgresión de la buena fe ante la utilización de ventajas reconocidas sólo a los trabajadores en activo.

6.6. Acciones derivadas del contrato de trabajo anteriores a la situación de excedencia

Como se ha reiterado, la excedencia voluntaria no se configura como una causa típica de suspensión de contrato y se regula como situación independiente en el art. 46 del Estatuto de los Trabajadores, más tampoco lo es como causa de extinción, al atribuir al excedente un derecho preferente al reintegro, a ejercitar una vez haya transcurrido el plazo de su reconocimiento. No se trata pues de una desvinculación definitiva y sigue produciendo algunos efectos, aun cuando están limitados durante su disfrute, a la posibilidad de ejercicio del derecho a reingreso. Pero es precisamente en base a tal circunstancia que no puede afirmarse que el trabajador carezca de acción, hasta que se produzca el reingreso, para reclamar contra actos del empresario anteriores a su reconocimiento, pues ello pudiera implicar la vulneración del derecho fundamental a tutela judicial efectiva, si se aplazara hasta aquel momento el ejercicio de la acción, con la dificultad de poder probar entonces la certeza de los hechos. (STSJ Cataluña n.º 7042/1998, de 15 de octubre de 1998, ECLI:ES:TSJCAT:1998:8169).

6.7. Suscripción de un convenio especial con la Seguridad Social

Para paliar la ausencia de cotización el trabajador podrá suscribir un convenio especial de la seguridad social. Para suscribir el convenio especial con la Seguridad Social será necesario el cumplimiento de los siguientes requisitos (Orden TAS/2865/2003, de 13 de octubre):

– Solicitar su suscripción ante la dirección provincial de la Tesorería General de la Seguridad Social o administración de la Seguridad Social correspondiente al domicilio del solicitante en el plazo de un año y en el modelo oficial establecido al efecto.

– Tener cubierto, en la fecha de solicitud del convenio especial, un período de mil ochenta días de cotización al Sistema de la Seguridad Social en los doce años inmediatamente anteriores a la baja en el régimen de la Seguridad Social de que se trate. A tales efectos, se computarán las cotizaciones efectuadas a cualquiera de los regímenes del Sistema de la Seguridad Social, incluidas las correspondientes a los días-cuotas por pagas extraordinarias, las que hubieren podido realizarse como consecuencia de otro convenio especial para la cobertura de las mismas prestaciones económicas, las relativas a los días que se consideren como período de cotización efectiva durante el primer año de excedencia o período menor, de acuerdo con la legislación aplicable, por razón del cuidado de cada hijo o de familiar hasta el segundo grado por razones de edad, accidente o enfermedad, así como, en su caso, los días cotizados durante el período de percepción de las prestaciones o subsidios por desempleo y los períodos asimismo cotizados en otro de los estados miembros del Espacio Económico Europeo o con los que exista convenio internacional al respecto, salvo que la norma especial o el convenio internacional prevean otra cosa, siempre que no se superpongan y sean anteriores a la fecha de efectos del convenio especial cuya celebración se solicita.

6.8. Responsabilidad del FOGASA en caso de extinción del contrato

La STS n.º 894/2024, de 6 de junio de 2024, ECLI:ES:TS:2024:3261, ha reiterado que el Fondo de Garantía Salarial (FOGASA) no es responsable del abono de la indemnización por extinción del contrato de trabajo de un trabajador de una empresa concursada que se encontraba en situación de excedencia voluntaria en el momento de dictarse el auto del juzgado de lo mercantil.

La condición contractual sobre los efectos de la excedencia voluntaria será esgrimible frente a empresa o, en su caso, a la administración concursal, pero no frente al FOGASA, que es un tercero sobre el que no pueda hacerse recaer una decisión en la que no ha participado ni la ha suscrito. Y no le es oponible, en todo caso, porque al FOGASA no se le puede imponer una obligación de pago más allá de los supuestos tasados.

> **JURISPRUDENCIA**
>
> **STS n.º 714/2020, de 23 de junio, ECLI:ES:TS:2020:2793**
>
> *«El FOGASA responde de los supuestos tasados legalmente que le atribuyen responsabilidad. En los casos de excedencia voluntaria, la jurisprudencia, interpretando la normativa aplicable, ha establecido que el excedente voluntario no tiene derecho a la indemnización correspondiente a la extinción por causas objetivas, por lo que ninguna responsabilidad al respecto puede tener el FOGASA. Si al excedente voluntario se le ha mejorado lo que la ley le reconoce (el mero derecho preferente al reingreso), esa mejora no le es oponible al FOGASA ni responde por ella. Se trata de una mejora que va más allá de los supuestos legales y tasados de los que responde el FOGASA, que no puede vincularle ni hacer surgir su responsabilidad».*

6.9. Despido de un trabajador en situación de excedencia

Durante el disfrute de estas excedencias **será nulo el despido** de las personas trabajadoras excedentes, **salvo que se declare la procedencia del despido por motivos no relacionados con la excedencia.**

El art. 46.3 del Estatuto de los Trabajadores, concede a cualquier persona trabajadora (tanto padre como madre, de modo sucesivo o simultáneo) el derecho a un **período de excedencia** en los siguientes supuestos:

– Para atender al **cuidado de cada hijo,** tanto cuando lo sea por naturaleza, como por adopción, o en los supuestos de guarda con fines de adopción o acogimiento permanente, a contar desde la fecha de nacimiento o, en su caso, de la resolución judicial o administrativa.

– Para atender al **cuidado del cónyuge o pareja de hecho, o de un familiar hasta el segundo grado de consanguinidad y por afinidad,** incluido el familiar consanguíneo de la pareja de hecho, que por razones de edad, accidente, enfermedad o discapacidad no pueda valerse por sí mismo, y no desempeñe actividad retribuida.

Durante el disfrute de estas excedencias **será nulo el despido** de los/as trabajadores/as excedentes, **salvo que se declare la procedencia del despido por motivos no relacionados con la excedencia.**

La Constitución proclama el derecho a la igualdad y a la no discriminación por razón de sexo, siguiendo el precepto constitucional se ha desarrollado diferente normativa para paliar las posibles situaciones de desigualdad entre hombres y mujeres en lo relativo a las obligaciones familiares.

El Estatuto de los Trabajadores protege los derechos de conciliación de la vida familiar y laboral de las personas trabajadoras mediante:

– **La nulidad de la extinción por causas objetivas relacionadas con la discriminación,** en los términos regulado en el art. 53.4 del ET

– **La nulidad de la extinción por despido disciplinario relacionada con la discriminación,** en los términos regulado en el art. 55.5 del ET.

A TENER EN CUENTA. La protección frente a la extinción de la relación laboral solo se extiende a las excedencias reguladas en el art. 46.3 del ET.

JURISPRUDENCIA

STS, rec. 3232/2011, de 30 de noviembre de 2012, ECLI:ES:TS:2012:8912

Analizando una *externalización de servicios durante el periodo de excedencia voluntaria de los demandantes:*

«(...) "cuando el actor solicitó el reingreso no existía vacante de su categoría" al haber sido externalizadas las funciones desempeñadas en el departamento en que había prestado sus servicios el demandante con anterioridad al inicio de la situación de excedencia voluntaria, incluso con el consentimiento de los trabajadores que habían continuado tras dicha fecha prestando servicios en dicho departamento, por lo que

> *el puesto de trabajo que desempeñaba el actor no ha sido conservado o reservado para él, sino que fue amortizado junto con los restantes puestos del referido departamento; y al no venir obligada la empresa por la ley a la reserva de la plaza, es evidente que su decisión de disponer de la vacante producida por la excedencia del actor en la forma expresada, ha de considerarse ejercicio lícito, correcto y no abusivo de sus facultades de organización y dirección del trabajo; y, sin que, como destaca el Ministerio Fiscal, la alegación de la parte recurrida sobre la falta de acreditación de la necesidad objetiva de amortizar puestos de trabajo, por tratarse de una cuestión que no se ha debatido en estos autos ya que no a discutirse si la decisión empresarial de externalizar unos determinados servicios fue o no ajustada a Derecho, no es posible debatir tal cuestión en esta sede casacional y, menos aún, al haber sido formulada por la parte recurrida».*

RESOLUCIÓN RELEVANTE

STSJ de Madrid n.º 522/2006, de 27 de junio de 2006, ECLI:ES:TSJM:2006:7329

Se consideró nulo el despido seis días después de la incorporación efectiva tras la excedencia sin que la empresa aportase razones o justificación alguna de su decisión extintiva.

Salarios de tramitación

La STS, rec. 2351/2010 de 14 de marzo de 2011, ECLI:ES:TS:2011:2267 ha establecido: «han de separarse dos supuestos completamente diferentes; uno es el hecho de que con anterioridad al despido el trabajador no percibiera salarios, ya que se encontraba en situación de excedencia voluntaria; y otra muy diferente es de que desde el momento en que pidió la readmisión en la empresa y tenía derecho a ella, ya que así lo ha reconocido la empresa al aceptar la improcedencia del despido efectuado, no debiera de percibir salarios desde aquel momento, y que por tanto los perdiera en virtud del despido improcedente producido».

En el mismo sentido, la STS, rec. 218/2011, de 19 de diciembre de 2011, ECLI:ES:TS:2011:8980, ha establecido que la declaración judicial de improcedencia del despido de un trabajador en situación de excedencia voluntaria por negativa (expresa o tácita) empresarial al reingreso, conlleva o no el abono de salarios de tramitación desde la fecha en que se fije como la del despido y en aplicación de las normas generales sobre nulidad o improcedencia del despido. La Sala, tras recordar doctrina relativa a la naturaleza indemnizatoria de los salarios de tramitación, llega a la conclusión de que si bien durante el periodo durante el que el trabajador permanece en situación de excedencia voluntaria no tiene derecho a salarios pero que, cuando la empresa incumple con la obligación de readmisión, la consecuencia es la de que la situación del trabajador excedente no readmitido injustamente desde la fecha en que debería haberse cumplido la obligación de readmitir es análoga a la del trabajador injustamente despedido a partir de la fecha del despido, con obligación indemnizatoria de perjuicios en ambos casos bajo la forma de salarios de tramitación.

Despido colectivo a través de expediente de regulación de empleo

Puede darse el supuesto de que mientras un trabajador se encuentre en situación de excedencia voluntaria la empresa realice un despido colectivo a través de expediente de regulación de empleo extintivo.

Para este supuesto existe doctrina jurisprudencial establecida en las STS, rec. 3606/1998, de 25 de octubre de 2000, ECLI:ES:TS:2000:7701; STS, rec. 4493/2005 de 19 de enero de 2007, ECLI:ES:TS:2007:883; y, STS, rec. 5049/2006, de 31 de enero de 2008, ECLI:ES:TS:2008:783, de acuerdo con la cual **los empleados en situación de excedencia voluntaria común no tienen en principio un derecho legal a la indemnización por cese derivada del despido colectivo.** La tesis sostenida en sentencia se puede resumir de la manera siguiente:

– La excedencia voluntaria común regulada en los puntos 2 y 5 del art. 46 del Estatuto de los Trabajadores es una situación peculiar del contrato de trabajo que se distingue netamente tanto de la excedencia forzosa, como de la suspensión del contrato de trabajo (incluida la suspensión por «mutuo acuerdo de las partes» prevista en el apdo. a) del art. 45 Estatuto de los Trabajadores), como de otras modalidades especiales de excedencia voluntaria.

– «El interés que está en la base de la situación de excedencia voluntaria común es genéricamente el interés personal o profesional del trabajador excedente voluntario».

– En la excedencia voluntaria común el derecho de trabajador a reanudar la prestación de servicios es «sólo un derecho de reingreso expectante, en el que la ocupación del puesto de trabajo está condicionada a la existencia de vacantes».

– Y decisión o regla del caso: «no puede ser acogida la reclamación de indemnización de despido colectivo por cierre de centro de trabajo de los demandantes, que pasaron a la situación de excedencia voluntaria común por su exclusiva voluntad, desarrollando en tal situación otras actividades profesionales». (STS, rec. 5049/2006, de 31 de enero de 2008, ECLI:ES:TS:2008:783).

No obstante, el mismo Tribunal, en STS, rec. 2347/2008, de 20 de enero de 2010, ECLI:ES:TS:2010:619, ha establecido que no es de aplicación al caso la doctrina jurisprudencial reiterada sobre inexistencia del derecho a tal indemnización, cuando el ERE sólo afecte a parte de la plantilla en lugar de a la totalidad de los trabajadores. Para el Alto Tribunal esta situación permite mantener vivo el «derecho expectante» al reingreso.

A modo de resumen, ante un cierre del centro de trabajo que afecte a la totalidad de la plantilla, en caso de ERE, el trabajador excedente no tendrá derecho a reingreso y por lo tanto tan poco a indemnización por despido colectivo; cuando el despido colectivo no afecta a la totalidad de los trabajadores del centro de trabajo sino a parte de la plantilla, lo que permitiría un posible reingreso, sí originaría derecho a indemnización por despido colectivo.

CUESTIÓN

En caso de despido colectivo parcial, si la empresa no extingue específicamente el contrato laboral de la persona trabajadora excedente, ¿existe derecho a reincorporación?

Según la STSJ Castilla y León, rec. 966/2013, de 10 de julio de 2013, ECLI:ES:TSJCL:2013:31, en caso de no ser amortizado el puesto vía despido colectivo, la persona trabajadora continuará en situación de excedente voluntaria con el derecho a la reincorporación preferente de un puesto de trabajo de su categoría o similar condenándose a la demandada a estar y pasar por tal declaración y a reconocer a la actora tal condición.

RESOLUCIÓN RELEVANTE

STSJ de Navarra n.º 179/2022, a 19 de mayo de 2022, ECLI:ES:TSJNA:2022:322

Analizando la falta de reincorporación tras la excedencia en teletrabajo, la Sala de lo Social entiende que existe baja voluntaria o dimisión si, tras solicitar reincorporación, la persona trabajadora no responde a los e-mails con las órdenes o instrucciones para permitirle el acceso desde su domicilio a los efectos del teletrabajo.

Cálculo de indemnizaciones

El período de excedencia voluntaria computa a efectos de antigüedad (art. 46.1 del ET), pero **no se computará como tiempo de servicio para el cálculo de la indemnización por despido improcedente** (la regulación de la D.A. 19.ª del ET mejorando los efectos indemnizatorios no hace referencia al art. 46 del ET).

No computan en el tiempo de servicios prestados para el cómputo de la indemnización por despido los periodos de excedencia forzosa por desempeño de un cargo público o sindical, y tampoco los de excedencia voluntaria (salvo pacto). No obstante, a pesar de no estar reconocido normativamente, la jurisprudencia diferencia las excedencias por cuidado de hijos y de otros familiares, determinando que se asimilen a tiempo de prestación efectiva de servicios a efectos indemnizatorios los períodos de excedencia por ejercicio de un derecho conciliador. (STSJ de Cataluña n.º 5147/2004, de 2 de julio de 2004, ECLI:ES:TSJCAT:2004:8247).

A TENER EN CUENTA. Recientemente, la STSJ de Madrid n.º 582/2022, de 20 de octubre de 2022, ECLI:ES:TSJM:2022:14126, se ha pronunciado computando los permisos por cuidado de familiar para el cálculo de la indemnización por despido.

JURISPRUDENCIA

STS, rec. 3606/1998, de 25 de octubre de 2000, ECLI:ES:TS:2000:7701

Excedencia voluntaria común. Los que se encuentran en tal situación tienen derecho a reingreso preferente en vacante apropiada, pero no derecho a reserva de puesto, y tampoco en consecuencia derecho a la indemnización de despido por causas económicas. Votos particulares.

La indemnización prevista en el art. 51.8 del ET trata de reparar el perjuicio que produce la pérdida del puesto de trabajo, cuando el trabajador presta sus servicios de manera efectiva. No es aplicable a la excedencia voluntaria, donde sólo existe un derecho al reingreso «expectante».

7.
RELACIONES LABORALES ESPECIALES Y SU POSIBILIDAD DE EXCEDENCIA

Analizamos cómo se regula la excedencia en diferentes relaciones laborales especiales según la normativa.

7.1. Relación laboral de carácter especial del personal de alta dirección

Se considera personal de alta dirección a aquellos trabajadores que ejercitan poderes inherentes a la titularidad jurídica de la Empresa, y relativos a los objetivos generales de la misma, con autonomía y plena responsabilidad sólo limitadas por los criterios e instrucciones directas emanadas de la persona o de los órganos superiores de gobierno y administración de la Entidad que respectivamente ocupe aquella titularidad.

El tiempo de trabajo en cuanto a jornada, horarios, fiestas y permisos, así como para vacaciones, será el fijado en las cláusulas del contrato, en cuanto no configuren prestaciones a cargo del empleado que excedan notoriamente de las que sean usuales en el ámbito profesional correspondiente.

Siguiendo lo establecido en el RD 1382/1985, de 1 de agosto, por el que se configura el régimen jurídico del personal de alta dirección, la suspensión de la relación laboral solo se contempla en supuestos de promoción interna, de forma que una vez terminada la promoción al ejercicio de actividades de alta dirección en la empresa se volvería a la relación laboral común anterior, al extinguirse la relación laboral especial, el trabajador tendrá la opción de reanudar la relación laboral de origen, sin perjuicio de las indemnizaciones a que pueda tener derecho a resultas de dicha extinción. Se exceptúa de esta regla el supuesto de la extinción del contrato especial de alta dirección por despido disciplinario declarado procedente.

«La relación laboral especial del personal de alta dirección se basa en la recíproca confianza de las partes, las cuales acomodarán el ejercicio de sus derechos y obligaciones a las exigencias de la buena fe» (art. 2 del RD 1382/1985, de 1 de agosto), lo que se incardina con la prohibición de celebrar otros contratos de trabajo con otras empresas, salvo autorización por escrito bajo pena de concurrencia desleal. Como configura el propio RD citado, «(...) las demás normas de la legislación laboral común, incluido el Estatuto de los Trabajadores, sólo serán aplicables en los casos en que se produzca remisión expresa en este Real Decreto, o así se haga constar específicamente en el contrato», por lo que, la ausencia de regulación específica, y salvo un acuerdo entre las partes al respecto, deja fuera da la aplicación de la figura de estudio al personal de alta dirección.

7.2. Relación laboral de carácter especial del servicio del hogar familiar

El Real Decreto 1620/2011, de 14 de noviembre, regula la relación laboral de carácter especial del servicio del hogar familiar sin indicar regulación alguna sobre la materia de análisis. No obstante, con carácter supletorio, en lo que resulte compatible con las peculiaridades derivadas del carácter especial de esta relación, será de aplicación la normativa laboral común, es decir, el régimen de excedencias fijado por el Estatuto de los Trabajadores, por lo que, a pesar de no ser habitual en esta relación laboral, permitiría solicitar excedencia.

7.3. Relación laboral de abogados en despachos individuales y colectivos

La suspensión del contrato de trabajo de abogados que mantienen relación laboral de carácter especial se suspenderá por las causas y con los efectos previstos en el artículo 45 y siguientes de la Ley del Estatuto de los Trabajadores, con las peculiaridades establecidas en el art. 20 del Real Decreto 1331/2006, de 17 de noviembre.

En caso de excedencia voluntaria, el abogado que durante la misma ejerza la profesión en otro despacho, sin la correspondiente autorización, perderá el derecho al reingreso, lo que determinará la extinción del contrato de trabajo.

Además, el contrato de trabajo especial quedará suspendido, durante dos años, cuando el abogado pase a tener la condición de socio del despacho y, en consecuencia, pase a estar vinculado con el mismo con una relación de carácter no laboral. Si el abogado mantiene esta relación más de dos años, el contrato de trabajo especial se extinguirá sin derecho a obtener ninguna indemnización.

7.4. Relación laboral especial de residencia para la formación de especialistas en ciencias de la salud

El Real Decreto 1146/2006, de 6 de octubre, regula la relación laboral de carácter especial de residencia para la formación de especialistas en Ciencias de la Salud, remitiendo a lo regulado en el artículo 46 del Estatuto de los Trabajadores, con exclusión de una posible excedencia voluntaria (art. 46.2 del ET), al especificar que «no podrá reconocerse en ningún caso».

Como peculiaridad, si el tiempo de excedencia superara los dos años, dado el carácter esencialmente formativo de esta relación laboral y los rápidos avances de las ciencias de la salud, el residente se incorporará en la parte del programa de formación que acuerde la comisión de docencia de la especialidad, aunque ello suponga la repetición de algún período evaluado ya positivamente.

7.5. Relación laboral especial de las personas artistas

La relación laboral especial de las personas artistas que desarrollan su actividad en las artes escénicas, audiovisuales y musicales, así como de las personas que realizan actividades técnicas o auxiliares necesarias para el desarrollo de dicha actividad [a la que se refiere el art. 2.1.e) del Estatuto de los Trabajadores] viene regulada por el RD 1435/1985, 1 de agosto, que define como tal la establecida entre el empleador que organiza o el que produce una actividad artística, incluidas las entidades del sector público, y quienes desarrollen voluntariamente una actividad artística o una técnica o auxiliar, por cuenta y dentro del ámbito de organización y dirección de aquel a cambio de una retribución.

En lo no regulado por el citado Real Decreto será de aplicación el Estatuto de los Trabajadores y las demás normas laborales de general aplicación, en cuanto sean compatibles con la naturaleza especial de la relación laboral de los artistas en espectáculos públicos, por lo que, a pesar de la posible suspensión del contrato vía excedencia parece difícil en la práctica (dadas las características propias de esta prestación de servicios) colocarse en situación de excedencia.

7.6. Relación laboral de discapacitados por centros especiales de empleo

Siguiendo lo establecido en el Real Decreto Legislativo 1/2013, de 29 de noviembre, por el que se aprueba el Texto Refundido de la Ley General de derechos de las personas con discapacidad y de su inclusión social, los centros especiales de empleo son aquellos cuyo objetivo principal es el de realizar una actividad productiva de bienes o de servicios, participando regularmente en las operaciones del mercado, y tienen como finalidad el asegurar un empleo remunerado para las personas con discapacidad; a la vez que son un medio de inclusión del mayor número de estas personas en el régimen de empleo ordinario.

En aplicación del RD 1368/1985, de 17 de julio, el contrato de trabajo podrá suspenderse en los supuestos previstos en el artículo 45 y siguientes del Estatuto de los trabajadores, permitiéndose, por lo tanto, la solicitud de excedencia.

7.7. Régimen especial de representantes de comercio

Las normas contenidas en el Estatuto de los Trabajadores en materia de suspensión y extinción de la relación laboral se aplicarán a los trabajadores, en cuanto no contradigan lo establecido en el Real Decreto 1438/1985, de 1 de agosto, por el que se regula la relación laboral de carácter especial de las personas que intervengan en operaciones mercantiles por cuenta de uno o más empresarios, sin asumir el riesgo y ventura de aquéllas.

Salvo posible competición con el empresario, o prestación de servicios a otro empresario competidor del mismo durante la suspensión, nada impedirá la solicitud de excedencia.

7.8. Relación laboral especial de los deportistas profesionales

Se considera deportista profesional quien, en virtud de una relación establecida con carácter regular, se dedique voluntariamente a la práctica del deporte por cuenta y dentro del ámbito de organización y dirección de un club o entidad deportiva a cambio de una retribución, o aquellas relaciones establecidas entre deportistas profesionales y empresas cuyo objeto social consista en la organización de espectáculos deportivos, así como la contratación de deportistas profesionales por empresas o firmas comerciales, para el desarrollo, en uno y otro caso, de las actividades deportivas en los términos previstos anteriormente.

La suspensión y extinción del contrato en la relación laboral especial de los deportistas profesionales, se realizará siguiendo lo establecido en los art. 11-16 del Real Decreto 1006/1985, de 26 de junio, donde, al igual que sucedía en el supuesto anterior, se fija la posibilidad de suspender el contrato por las causas y con los efectos previstos en el Estatuto de los Trabajadores, por lo que podríamos decir que existe el derecho a pesar de que en la práctica carecería de lógica la solicitud de excedencia dada la peculiaridad de esta relación laboral y existiría un posible régimen de incompatibilidades en caso de prestar servicios para otro club.

7.9. Régimen especial del personal civil en establecimientos militares

El trabajo del personal civil no funcionario en los establecimientos militares se regula en el vigente Real Decreto 2205/1980, de 13 de junio, cuyos arts. 46 y 47 permiten la excedencia voluntaria o forzosa sujeta a ciertas peculiaridades:

«Artículo cuarenta y siete. Excedencia voluntaria.

Uno. El trabajador, con al menos, un año de servicios efectivos, tiene derecho a solicitar la excedencia voluntaria por un plazo no inferior a dos años ni superior a cinco, y sólo podrá prorrogarse la concedida por menos de cinco años hasta alcanzar este tope máximo. Este derecho sólo podrá ser ejercitado por el mismo trabajador si han transcurrido cuatro años desde el final de la anterior excedencia.

Dos. Los trabajadores tendrán también derecho a un período de excedencia no superior a tres años para atender al cuidado de cada hijo, a contar desde la fecha del nacimiento de éste. Los sucesivos hijos darán derecho a un nuevo período de excedencia, que, en su caso, pondrá fin al que se viniera disfrutando. Cuando el padre y la madre trabajen, sólo uno de ellos podrá ejercitar este derecho.

Tres. El trabajador excedente sólo conservará un derecho preferente al reingreso en vacante de igual o similar categoría a la suya que exista o se produzca en el Establecimiento en que cesó o en otro cualquiera de la misma localidad, siempre que conserve su aptitud y no exista personal en iguales circunstancias, con mayor antigüedad, en la solicitud de reingreso. Se perderá el derecho al reingreso si éste no se solicita antes de que expire el plazo por el cual se concedió.

Cuatro. La excedencia y el reingreso, cuando proceda, se concederá por la Dirección de servicios de la que dependa el Establecimiento, previo informe de la Sección Laboral del Cuartel General correspondiente, o en su caso, de la de Subsecretaría de Defensa.

El tiempo de excedencia voluntaria no se computará a ningún efecto.

Artículo cuarenta y ocho. Excedencia forzosa.

Uno. La excedencia forzosa se producirá por cualquiera de las causas siguientes:

a) Designación o elección para un cargo público o ejercicio de funciones sindicales de ámbito provincial o superior, mientras duren aquéllos y resulte imposible la asistencia al trabajo.

b) Invalidez provisional.

c) Reducción temporal de cuadros numéricos.

d) Cumplimiento del servicio militar, obligatorio o voluntario, o servicio social sustitutivo.

Dos. En el caso del apartado a), del artículo anterior la excedencia durará lo que el ejercicio del cargo que la determine, otorgando el derecho a ocupar la misma plaza que se desempeñaba anteriormente y a que se compute el tiempo de excedencia a efectos de antigüedad. La solicitud de reingreso deberá presentarse dentro del mes siguiente al cese en el cargo, siendo baja los que no lo hagan en el aludido plazo.

Tres. Los que se encuentren en la situación legal de invalidez provisional serán considerados excedentes forzosos siempre que se abstengan de toda actividad retribuida y se dediquen únicamente a reponer su salud. Tendrán derecho a la reserva de plaza que vinieren desempeñando mientras dure tal situación legal de invalidez, si bien el tiempo permanecido en ella no le será computable a ningún efecto.

Cuatro. Quedarán en situación de excedencia forzosa los trabajadores afectados por acuerdos de reducción de personal en un Establecimiento, cuando se prevea que tal medida tendrá carácter temporal por plazo inferior a un año.

a) En tales casos deberá cesar en el trabajo el personal de las categorías profesionales afectadas por la reducción, designado mediante un proceso de selección en el que se conjugará, principalmente, el factor antigüedad junto con los de situación familiar, edad, premios y castigos y cuantos otros pudieran tenerse en cuenta en el supuesto real de que se trate y, en todo caso, siempre que la estimación de tales factores no redunde en perjuicio de la eficacia y buena marcha del Establecimiento. El reingreso de los trabajadores en esta situación de excedencia forzosa se efectuará por orden inverso al de su cese.

b) Si terminado el plazo previsto para la excedencia subsiste el exceso de personal, se procederá conforme a lo dispuesto en el artículo cincuenta y tres, computándose como tiempo servido el de permanencia en dicha situación.

c) La reducción temporal del personal se acordará por la Dirección de Servicios de la que el Establecimiento dependa, de acuerdo con la Sección Laboral correspondiente, resolviendo el Ministro de Defensa, oída la Sección Laboral de la Subsecretaría en los supuestos de disentimiento entre aquellas.

Cinco. En caso de cumplimiento del servicio militar, obligatorio o voluntario, o servicio social sustitutivo, el trabajador tendrá derecho a que se le reserve el puesto de trabajo y a que se les compute el tiempo a todos los efectos hasta su reincorporación al mismo, siempre que solicite el reingreso dentro de los dos meses siguientes a su licenciamientos o cese en el servicio social sustitutivo».

7.10. Relación laboral de penados en instituciones penitenciarias

Los derechos y deberes laborales en la relación laboral especial de penados en instituciones penitenciarias se regulan en el Real Decreto 782/2001, de 6 de julio.

Las demás normas de la legislación laboral común, incluido el texto refundido de la Ley del Estatuto de los Trabajadores, sólo serán aplicables en los casos en que se produzca una remisión expresa desde el Real Decreto citado o la normativa de desarrollo. La relación laboral especial penitenciaria podrá suspenderse por las siguientes causas:

– Mutuo acuerdo de las partes.

– Incapacidad temporal de los trabajadores penitenciarios.

– Maternidad y riesgo durante el embarazo. En el supuesto de parto la suspensión tendrá una duración de dieciséis semanas ininterrumpidas, ampliables en el supuesto de parto múltiple en dos semanas más por cada hijo a partir del segundo, distribuidas antes o después del parto a opción de la interesada, siempre que seis semanas sean inmediatamente posteriores al mismo.

– Fuerza mayor temporal.

– Suspensión de empleo y sueldo por el cumplimiento de sanciones disciplinarias penitenciarias de aislamiento.

– Razones de tratamiento apreciadas por la Junta de Tratamiento.

– Por traslados de los internos siempre que la ausencia no sea superior a dos meses, así como durante el disfrute de los permisos o salidas autorizadas.

– Razones de disciplina y seguridad penitenciaria.

Al no reflejarse la excedencia en los motivos de suspensión hemos de entenderla no aplicable.

8.
SITUACIONES DE EXCEDENCIA DE LOS EMPLEADOS PÚBLICOS

El artículo 85 del TREBEP regula las diversas situaciones administrativas posibles para funcionarios de carrera entre las que se encuentra la excedencia.

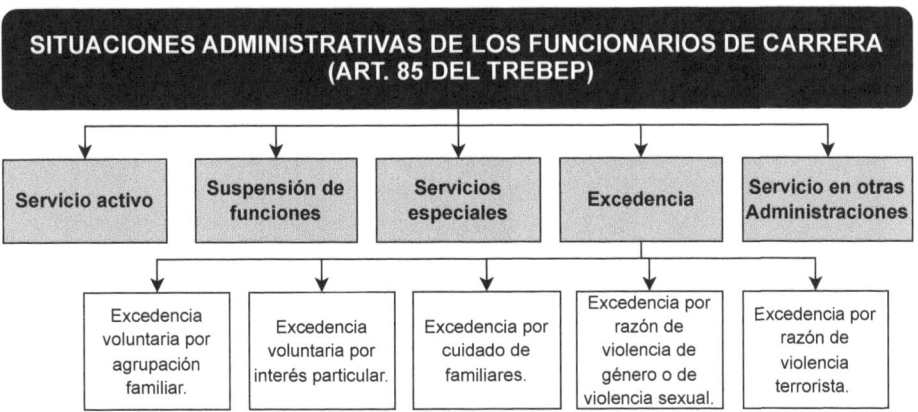

8.1. Excedencias reguladas en el Estatuto Básico del Empleado Público

La excedencia de los funcionarios de carrera comprende varias modalidades, las cuales se recogen en el art. 89 del TREBEP.

Excedencia voluntaria por interés particular

Los funcionarios que quieran acceder a la excedencia voluntaria por interés particular deben haber prestado previamente sus servicios efectivos al menos cinco años en las Administraciones públicas. Sin embargo, este periodo preceptivo podría reducirse si así se establece en las normas reguladoras de la Función Pública.

La concesión de esta excedencia está condicionada a las necesidades del servicio y no se permite si existe un expediente disciplinario abierto. El tiempo que dura este tipo de excedencia no es computable para ascensos, trienios por antigüedad o derechos del régimen de la Seguridad Social aplicables.

Una vez finalice la causa de excedencia, los funcionarios deben solicitar el reingreso o se les puede declarar en excedencia de oficio.

JURISPRUDENCIA

Sentencia del Tribunal Supremo n.º 1094/2020, de 9 de diciembre, ECLI:ES:TS:2020:4237

«El R.D. 2720/1998, de 18 de diciembre, por el que se desarrolla el art. 15 ET en materia de contratos de duración determinada, en sus arts. 4.1 y 2.b), regula el contrato de interinidad para cubrir temporalmente un puesto de trabajo durante el proceso de selección o promoción para su cobertura definitiva, estableciendo, por lo que hace a los procesos de selección en las Administraciones públicas, que dicho contrato de interinaje durará el tiempo correspondiente a dichos procesos y, más concretamente, en su art. 8.1 apartado c, 4.º señala que la extinción del expresado contrato temporal se producirá una vez concluido el plazo que resulte de aplicación en los procesos de selección en las Administraciones públicas, al haberse producido la cobertura en propiedad, resulta patente que el contrato de interinidad queda, sin más, extinguido.

*Tiene razón la sentencia de contraste cuando afirma que el acceso a **la excedencia presupone que el contrato de trabajo está vivo**. Y siendo ello así, es evidente que, al margen de la cronología que la gestión de la CAM imprima al caso, la persona que ha obtenido la plaza sí ha tomado posesión de la misma.*

Sostener que ha habido un despido porque se ha roto el contrato de interinidad implica que la empleadora no podría llevar a cabo una extinción del contrato sino hasta pasado un tiempo (a fin de comprobar el desempeño material del puesto por su nueva adjudicataria). Sin duda, esa solución sería beneficiosa desde la perspectiva de la estabilidad en el empleo de quien interinaba la plaza, pero resulta opuesta al actual marco normativo.

Como expone la sentencia referencial, es el cumplimiento de la causa de interinidad consignada en el contrato lo que determina su extinción, que no es válida si no se han agotado todos los procesos selectivos regulados en el Convenio siendo esta la razón de que se estime que existe un despido, no en sí el hecho de que la plaza quede de nuevo vacante por pasar el titular que la ha ganado a la situación de excedencia».

Sentencia del Tribunal Supremo n.º 1313/2022, de 17 de octubre, ECLI:ES:TS:2022:36782

«SEXTO.- La respuesta a la cuestión de interés casacional.

La Sala entiende que la excedencia voluntaria por interés particular prevista en el artículo 89.2 del Estatuto Básico del Empleado Público no resulta de aplicación a los funcionarios interinos».

Excedencia voluntaria por agrupación familiar

El art. 89.3 del TREBEP dispone que la excedencia voluntaria por agrupación familiar se concede a funcionarios cuyo cónyuge resida en otra localidad por haber obtenido y estar desempeñando un puesto de trabajo de carácter definitivo como funcionario de carrera o como laboral fijo en cualquiera de las Administraciones públicas, organismos públicos y entidades de derecho público dependientes o vinculados a ellas, sin necesidad de una prestación de servicio efectivo previo en cualquiera de las AA. PP. Durante este tipo de excedencia, los funcionarios no devengan retribuciones, ni les será computable el tiempo que permanezcan en tal situación a efectos de ascensos, trienios y derechos en el régimen de Seguridad Social que les sea de aplicación.

Excedencia por cuidado de familiares

En cuanto a la excedencia por cuidado de familiares, los funcionarios de carrera tienen derecho a un período de excedencia de hasta tres años para el cuidado de hijos o familiares hasta el segundo grado de consanguinidad o afinidad que por razones de edad, accidente, enfermedad o discapacidad no pueda valerse por sí mismo y no desempeñe actividad retribuida.

La excedencia es única para cada sujeto. En el caso de que dos funcionarios generasen el derecho a disfrutarla por el mismo sujeto causante, la Administración podrá limitar su ejercicio simultáneo por razones justificadas relacionadas con el funcionamiento de los servicios.

El tiempo de permanencia en esta situación será computable a efectos de trienios, carrera y derechos en el régimen de Seguridad Social que sea de aplicación. El puesto de trabajo desempeñado se reservará, al menos, durante dos años. Transcurrido este periodo, dicha reserva lo será a un puesto en la misma localidad y de igual retribución.

Los funcionarios en esta situación podrán participar en los cursos de formación que convoque la Administración.

JURISPRUDENCIA

Sentencia del Tribunal Supremo n.° 1768/2020, de 17 de diciembre, ECLI:ES:TS:2020:4180

Concursos para la provisión de puestos de trabajo

«A la vista de lo reflejado en el fundamento precedente la respuesta a la cuestión de interés casacional es que las previsiones del art. 57 de la Ley Orgánica 3/2007, de 22 de marzo, para la igualdad efectiva de mujeres y hombres, tienen efecto directo sin mediación de las correspondientes bases de la convocatoria imponiendo una valoración de la situación administrativa de excedencia voluntaria por cuidado de familiares idéntica a la que se otorga a la situación de servicio activo».

CUESTIÓN

El personal funcionario de Administración Local con habilitación de carácter nacional, ¿tiene algún tipo de regulación especial de la excedencias?

El art. 58 del Real Decreto 128/2018, de 16 de marzo, regula ciertas particularidades de las situaciones administrativas para los funcionarios de Administración Local con habilitación de carácter nacional. Para este colectivo existe la posibilidad de **excedencia voluntaria por prestación de servicio en otro cuerpo o escala**. Esta modalidad de excedencia se aplicará a los funcionarios de Administración Local con habilitación de carácter nacional cuando tenga de forma simultánea la condición de funcionario/a de carrera de otro cuerpo o escala de cualquier Administración pública y elija prestar sus servicios en esa otra Administración como funcionario de ese cuerpo o escala distinto al de funcionario/a de Administración Local con habilitación de carácter nacional.

También se aplicará a los que pasen a prestar servicios como personal laboral fijo en organismos o entidades del sector público y no les corresponda quedar en las situaciones de servicio activo o servicios especiales.

Excedencia por razón de violencia de género o de violencia sexual

Las funcionarias víctimas de violencia de género o de violencia sexual, para hacer efectiva su protección o su derecho a la asistencia social integral, tendrán derecho a solicitar la situación de excedencia sin tener que haber prestado un tiempo mínimo de servicios previos y sin que sea exigible plazo de permanencia en la misma (art. 89.5 del TREBEP, vigente desde el 22/08/2024).

Durante los seis primeros meses tendrán derecho a la reserva del puesto de trabajo que desempeñarán, siendo computable dicho período a efectos de antigüedad, carrera y derechos del régimen de Seguridad Social que sea de aplicación.

Cuando las actuaciones judiciales lo exigieran se podrá prorrogar este periodo por tres meses, con un máximo de dieciocho, con idénticos efectos a los señalados anteriormente, a fin de garantizar la efectividad del derecho de protección de la víctima.

Durante los dos primeros meses de esta excedencia la funcionaria tendrá derecho a percibir las retribuciones íntegras y, en su caso, las prestaciones familiares por hijo a cargo.

Excedencia por razón de violencia terrorista

Tendrán derecho a disfrutar de un periodo de excedencia en las mismas condiciones que las víctimas de violencia de género o de violencia sexual aquellos funcionarios que hubiesen sufrido daños físicos o psíquicos como consecuencia de la actividad terrorista, así como aquellos que estén amenazados en los términos del artículo 5 de la Ley 29/2011, de 22 de septiembre, de Reconocimiento y Protección Integral a las Víctimas del Terrorismo, previo reconocimiento del Ministerio del Interior o de sentencia judicial firme (art. 89.6 del TREBEP, vigente desde el 22/08/2024).

Esta excedencia debe ser autorizada y mantenida en el tiempo mientras que sea necesaria para la protección y asistencia social integral de la persona a la que se concede, atendiendo a las secuelas provocadas por la acción terrorista o a la amenaza a la que se encuentra sometida, en los términos que se prevean reglamentariamente.

8.2. Excedencia de los funcionarios civiles de la Administración General del Estado

Por su parte, el **Real Decreto 365/1995, de 10 de marzo,** por el que se aprueba el Reglamento de Situaciones Administrativas de los Funcionarios

Civiles de la Administración General del Estado (en adelante RSAFCAGE), vigente en tanto no contradiga o se oponga a lo dispuesto en el TREBEP, complementa este tipo de situaciones en sus capítulos VI, VII y VIII (arts. 13 a 19).

Excedencia forzosa

Según el artículo 13 del RSAFCAGE, la excedencia forzosa se establece principalmente por dos causas:

- Para los funcionarios en situación de expectativa de destino, por el transcurso del período máximo. La Ley 30/1984, de 2 de agosto, de medidas para la reforma de la Función Pública en su art. 29.5 regula la situación de expectativa de destino, y, por tanto, los efectos para el funcionario que esté en esta situación.

- Cuando el funcionario declarado en la situación de suspensión firme, que no tenga reservado puesto de trabajo, solicite el reingreso y no se le conceda en el plazo de seis meses contados a partir de la extinción de la responsabilidad penal o disciplinaria en los términos establecidos en el art. 22 del RSAFCAGE.

Excedencia para el cuidado de hijos

Según el artículo 14 del RSAFCAGE, los funcionarios tienen el derecho a un periodo de excedencia para cuidar a sus hijos, ya lo sean por naturaleza o adopción, pero en caso de que ambos progenitores trabajen, solo uno de ellos podrá ejercitar este derecho. La excedencia podrá solicitarse en cualquier momento posterior a la fecha del nacimiento o resolución judicial de adopción, teniendo, en todo caso, una duración máxima de tres años desde la fecha del nacimiento.

RESOLUCIÓN RELEVANTE

Sentencia del Tribunal Superior de Justicia de Castilla y León n.º 107/2019, de 13 de mayo, ECLI:ES:TSJCL:2019:2358

«Por lo que se refiere al plazo para presentar la solicitud de reingreso, resulta evidente que debe realizarse antes de la fecha de finalización del plazo de duración de la excedencia voluntaria por cuidado de familiar, en la medida que el art. 510.2 prevé que se declarará de oficio la situación de excedencia voluntaria por interés particular de los funcionarios públicos, cuando finalizada la causa que determinó el pase a una situación distinta de la del servicio activo, incumplan la obligación de solicitar el reingreso en el mismo, en los plazos que reglamentariamente se determinen, debiendo significarse que el presente supuesto es similar al previsto en el art. 14.3 del Real Decreto 365/1995, de 10 de marzo, por el que se aprueba el Reglamento de Situaciones Administrativas de los Funcionarios Civiles de la Administración General del Estado, que se refiere a la excedencia por cuidado de hijos, que como hemos dicho, es de naturaleza y efectos similar a la que nos ocupa, en cuanto dispone que: "3. Si antes de la finalización del período de excedencia por cuidado de hijos no solicita el reingreso al servicio activo, el funcionario será declarado de oficio en la situación de excedencia voluntaria por interés particular". Y en este punto, coincidimos con la

Abogacía del Estado en considerar que los supuestos que se invocan en la demanda no son parangonables y se refieren a casos en que no existe un plazo cierto de conclusión de la situación administrativa anterior desde la que se pasa al servicio activo, cuál es el caso de la situación de servicios especiales y de excedencia voluntaria por prestación de servicios en el sector público, en los que dada la imprevisión inicial del plazo de duración concreto de estas situaciones, el artículo 9.1 y el artículo 15.3 del Reglamento establecen que deben solicitar el reingreso al servicio activo en el plazo de un mes; plazo que como decimos no resulta aplicable al presente caso, y todo ello sin perjuicio de que la recurrente no solicitó el reingreso al servicio activo, como decimos, ni antes, ni después, ni tampoco en el plazo de un mes».

Excedencia voluntaria por prestación de servicios en el sector público

El artículo 15 del RSAFCAGE establece las condiciones bajo las cuales los funcionarios de carrera pueden ser declarados en excedencia voluntaria al prestar servicios en el sector público. Esto es aplicable a aquellos que se encuentren en servicio activo en otro cuerpo o escala de cualquiera de las AA. PP., salvo que hubieran obtenido la oportuna compatibilidad, y a los que pasen a prestar servicios como personal laboral fijo en organismos o entidades del sector público y no les corresponda quedar en las situaciones de servicio activo o servicios especiales.

La excedencia se mantiene mientras dure la relación de servicios que la motivó y, tras cesar en sus funciones, tienen un plazo de un mes para solicitar el reingreso al servicio activo, o de lo contrario se les declara en excedencia por interés particular.

RESOLUCIONES RELEVANTES

Sentencia del Tribunal Superior de Justicia de Canarias n.º 18/2018, de 26 de enero, ECLI:ES:TSJICAN:2018:596

«La situación de excedencia voluntaria por servicios en otras administraciones públicas prevista en el artículo 29.3 a) Ley 30/1984, se refería a otro supuesto, el de acceso a otro cuerpo o escala de cualquier administración, incluida aquella en la que es declarado en excedencia voluntaria. Esto se refiere a aquellos supuestos en los que el funcionario accede a un nuevo cuerpo o escala mediante los sistemas de acceso existentes, bien mediante oposición libre o por promoción interna.

No se trata este de un supuesto de movilidad de funcionarios, que se materializa, como hemos indicado, mediante los distintos sistemas de provisión de puestos de trabajo, sino de promoción interna o externa, vertical u horizontal, a otros cuerpos o escalas de las administraciones públicas».

Sentencia del Tribunal Superior de Justicia de Castilla y León n.º 876/2020, de 24 de julio, ECLI:ES:TSJCL:2020:2488

«Lo que se quiere poner de relieve con la exposición de los preceptos señalados es que, como bien se dice en la resolución recurrida, la situación administrativa del funcionario no es la misma si se encuentra en excedencia voluntaria por prestación de servicios en el sector público o por interés particular (Ley 30/1984) o si se encuentra en situación de servicio en otras Administraciones Públicas o en excedencia voluntaria por interés particular (TRLEBEP)».

Excedencia voluntaria por interés particular

El artículo 16 del RSAFCAGE estipula las condiciones bajo las cuales se declarará a petición del funcionario, o de oficio, la excedencia voluntaria por interés particular. Se requiere haber prestado previamente servicios efectivos durante cinco años en Administraciones públicas antes de la solicitud y la duración de la excedencia tendrá una duración no inferior a dos años continuados ni superior a un número de años equivalente a los que el funcionario acredite haber prestado en cualquiera de las AA. PP., con un máximo de quince años.

Excedencia voluntaria por agrupación familiar

La excedencia voluntaria por agrupación familiar (art. 17 del RSAFCAGE) es un derecho que permite a los funcionarios públicos ausentarse de su cargo por un período de dos a quince años cuando su cónyuge, que también debe ser funcionario o personal laboral en el sector público, reside en otro municipio debido a un puesto de trabajo de carácter definitivo.

Antes de finalizar el período de quince años de duración de esta situación deberá solicitarse el reingreso al servicio activo, declarándose, de no hacerlo, de oficio la situación de excedencia voluntaria por interés particular.

RESOLUCIONES RELEVANTES

Sentencia del Tribunal Constitucional n.º 1/2003, de 16 de enero, ECLI:ES:TC:2003:1

«Una vez realizadas estas constataciones, debemos recordar que, en relación con "el régimen estatutario de los funcionarios públicos" (y, por tanto, en relación con los ámbitos de la pérdida de la condición funcionarial y de la ordenación de las situaciones administrativas), corresponde al Estado, en virtud del art. 149.1.18 CE, fijar "el común denominador normativo necesario para asegurar la unidad fundamental prevista por las normas del bloque de la constitucionalidad que establecen la distribución de competencias (STC 48/1988, FJ 3). Esto es, un marco normativo unitario de aplicación a todo el territorio nacional (STC 147/1991), dirigido a asegurar los intereses generales y dotado de estabilidad —ya que con las bases se atiende a aspectos más estructurales que coyunturales (STC 1/1982, FJ 1)—, a partir del cual pueda cada Comunidad, en defensa de su propio interés, introducir las peculiaridades que estime convenientes dentro del marco competencial que en la materia correspondiente le asigne su Estatuto" (SSTC 223/2000, de 21 de septiembre, FJ 6; y 197/1996, de 28 de noviembre, FJ 5).

(...)

Aunque, tal y como ya se ha reseñado en los antecedentes de esta Sentencia, la eficacia de los preceptos impugnados está suspendida por el ATC 348/1995, de 19 de diciembre, resulta obligado precisar, por último, los efectos de la declaración de inconstitucionalidad. Y es que, dado que la disconformidad constitucional de los preceptos indicados tuvo lugar no originariamente, en el momento de promulgación de la Ley autonómica 5/1995, sino con posterioridad, en el de entrada en vigor de la Ley estatal 13/1996, los efectos de la inconstitucionalidad y nulidad (art. 39.1 LOTC) deben desplegarse exclusivamente a partir de la fecha de entrada en vigor de la Ley estatal, según dijimos en nuestra STC 27/1987, de 27 de febrero, FJ 9 in fine.

(...)

Estimar el presente recurso de inconstitucionalidad y, en su virtud, declarar:

1º Que es inconstitucional y nulo el inciso "falta de petición de reingreso al servicio activo durante el período de duración de la excedencia voluntaria ... por agrupación familiar" de la letra f) del artículo 35 del texto refundido de la Ley de la función pública extremeña, aprobado por Decreto Legislativo 1/1990, de 26 de julio, en la redacción dada a dicha letra por el art. 13 de la Ley de la Asamblea de Extremadura 5/1995, de 20 de abril, de modificación parcial y urgente del texto refundido de la Ley de la función pública de Extremadura.

2º Que es inconstitucional y nulo el párrafo segundo de la letra b) del art. 39.2.B del texto refundido de la Ley de la función pública extremeña, aprobado por Decreto Legislativo 1/1990, de 26 de julio, en la redacción dada a dicho párrafo por el art. 17 de la Ley de la Asamblea de Extremadura 5/1995, de 20 de abril, de modificación parcial y urgente del texto refundido de la Ley de la función pública de Extremadura, al establecer que: "La falta de petición de reingreso al servicio activo al finalizar el período máximo de excedencia por agrupación familiar o cuando desaparezcan las causas que dieron lugar a su concesión, comportará la pérdida de la condición de funcionario"».

Sentencia del Tribunal Superior de Justicia de Galicia n.º 254/2021, de 28 de abril, ECLI:ES:TSJGAL:2021:2712

«A la vista de lo expuesto tenemos que entender que por aplicación de la Disposición Final Cuarta del EBEP la situación administrativa de excedencia voluntaria por agrupación familiar permanece vigente dado que no contradice lo dispuesto en el EBEP. Y tal situación pervive pues está contemplada en el artículo 29 de la Ley 30/1984 y su desarrollo reglamentario por Real Decreto 255/2006, el 3 marzo, que modificó algunos aspectos del Real Decreto 375/1995, de 10 marzo, por el que se aprueba el Reglamento de Situaciones Administrativas de los Funcionarios Civiles de la Administración General del Estado.

Es cierto que el artículo 89 del EBEP nada dice en lo que respecta a la excedencia voluntaria por agrupación familiar, acerca de un período mínimo de permanencia en dicha situación, pero hemos de entender que si no lo dice es porque el legislador no entendió oportuno determinar este plazo de permanencia, porque el EBEP tiene naturaleza de ley Básica necesitada de un desarrollo legislativo ulterior tal como en él se prevé —resolución de 21 de junio de 2007 de la Secretaria General para la Administración Pública, por la que se publican las Instrucciones, de 5 de junio de 2007, para la aplicación del Estatuto Básico del Empleado Público en el ámbito de la Administración General del Estado—, y no debió entender procedente la exclusión del dicho plazo, en cuanto que si se sigue leyendo el precepto, expresamente lo excluye respecto de la excedencia para funcionarias víctimas de violencia de género, es decir, que la ley cuando ha querido ha excluido dicho requisito, y no lo ha hecho respecto del plazo correspondiente a la excedencia voluntaria por agrupación familiar que es la que nos interesa».

Excedencia voluntaria incentivada

Atendiendo a lo establecido en el art. 18 del RSAFCAGE, la excedencia voluntaria incentivada es una opción para los funcionarios afectados por un proceso de reasignación de efectivos o que estén en expectativa de destino o excedencia forzosa por un plan de empleo conforme a lo establecido en el artículo 20.1.g) de la Ley 30/1984, de 2 de agosto.

La declaración de esta situación tendrá una duración de cinco años e impedirá desempeñar puestos de trabajo en el sector público, bajo ningún tipo de relación funcionarial o contractual, sea esta de naturaleza laboral o administrativa. Si no se solicita el reingreso al servicio activo dentro del mes siguiente al de la finalización del período aludido, el departamento ministerial al que esté adscrito el cuerpo o escala del funcionario le declarará en excedencia voluntaria por interés particular.

En esta excedencia voluntaria incentivada los trabajadores tendrán derecho a una mensualidad de las retribuciones de carácter periódico, excluyendo pagas extraordinarias y el complemento de productividad, devengados en el último puesto de trabajo desempeñado, por cada año completo de servicios efectivos y con un máximo de doce mensualidades.

ANEXO.
FORMULARIOS

Solicitud de excedencia voluntaria

D./D.ª [NOMBRE_PERSONA_TRABAJADORA].

DNI [NÚMERO].

Dirección: [DIRECCIÓN_TRABAJADOR].

En [LUGAR] a [DÍA] de [MES] de [AÑO].

A la att. de la representación legal de la empresa [NOMBRE_EMPRESA].

Muy Señores/as míos/as:

Mediante el presente escrito y por el derecho que me asiste recogido en el artículo 46.2 del Real Decreto Legislativo 2/2015, de 23 de octubre, por el que se aprueba el texto refundido de la Ley del Estatuto de los Trabajadores, y el artículo [NÚM_ARTÍCULO] del vigente convenio colectivo de [CONVENIO_APLICACIÓN], vengo a solicitar mi paso a situación de **EXCEDENCIA VOLUNTARIA** por una duración de (1) a partir del [DÍA] de [MES] de [AÑO], siendo por tanto la fecha de finalización de la misma el [DÍA] de [MES] de [AÑO], en la que ejercitaré, previo aviso, mi derecho preferente al reingreso, en el grupo profesional de [GRUPO_PROFESIONAL] o similar dentro del grupo profesional.

Sin otro particular que comunicarle más que rogarle firme el Recibí de la presente.

Sin otro particular,

[FIRMA]

D./D.ª [NOMBRE_PERSONA_TRABAJADORA].

Recibí:

[SELLO_Y_FIRMA_EMPRESA]

La empresa.

_____

(1) Respetando lo establecido en convenio, el trabajador con al menos una antigüedad en la empresa de un año tiene derecho a que se le reconozca la posibilidad de situarse en excedencia voluntaria por un plazo no menor a cuatro meses y no mayor a cinco años. Este derecho sólo podrá ser ejercitado otra vez por el mismo trabajador si han transcurrido cuatro años desde el final de la anterior excedencia.

Solicitud de excedencia voluntaria por cuidado de cónyuge, pareja de hecho o familiar hasta el 2.º grado

D./D.ª [NOMBRE_PERSONA_TRABAJADORA].

DNI [NÚMERO].

En [LUGAR] a [DÍA] de [MES] de [AÑO].

A/A de la representación legal de la empresa [NOMBRE_EMPRESA].

Muy Señores/as míos/as:

D./D.ª [NOMBRE_PERSONA_TRABAJADORA], con DNI [DNI], trabajador de la empresa [NOMBRE_EMPRESA], desde el [DÍA] de [MES] de [AÑO]. (1)

SOLICITO

Mediante el presente escrito y por el derecho que me asiste recogido en el artículo 46.3 del Real Decreto Legislativo 2/2015, de 23 de octubre, por el que se aprueba el texto refundido de la Ley del Estatuto de los Trabajadores, y el artículo [NÚMERO] del vigente convenio colectivo de [PROFESIÓN], me sea concedido un periodo de **EXCEDENCIA POR CUIDADO DE MI** [FAMILIAR_CÓNYUGE_PAREJA DE HECHO] D./D.ª [NOMBRE_FAMILIAR_CÓNYUGE_PAREJA DE HECHOR] con el que mantengo una relación de parentesco de [ESPECIFICAR] (2), ya que debido a su [edad/accidente/enfermedad/discapacidad] no puede valerse por sí mismo y no desempeña actividad retribuida, con una duración de [PLAZO] (3), quedando comprendida desde el [DÍA] de [MES] de [AÑO] hasta el [DÍA] de [MES] de [AÑO].

Sin otro particular que comunicarle más que rogarle firme el Recibí de la presente.

Sin otro particular,

[FIRMA]

D./D.ª [NOMBRE_PERSONA_TRABAJADORA].

DNI: [NÚMERO].

Recibí

[SELLO_Y_FIRMA_EMPRESA]

La empresa.

---

(1) No se establece, como para la excedencia voluntaria genérica, ningún periodo de antigüedad ni se limita el derecho por solicitudes anteriores.

(2) Hasta el segundo grado de consanguinidad y afinidad, incluido el familiar consanguíneo de la pareja de hecho.

(3) No superior a dos años, salvo que se establezca una duración superior por convenio colectivo.

Solicitud por parte del trabajador de excedencia forzosa para ejercer cargo público representativo

D./D.ª [NOMBRE_PERSONA_TRABAJADORA].

DNI [NÚMERO].

Dirección: [DIRECCIÓN].

En [LUGAR] a [DÍA] de [MES] de [AÑO].

A la att. de la representación legal de la empresa [NOMBRE_EMPRESA].

Muy Señores/as míos/as:

Mediante la presente le comunico que en las pasadas elecciones del día [FECHA] fui elegido para desempeñar el cargo de [ESPECIFICAR]. (1)

El desarrollo del citado cargo me impedirá continuar con la relación laboral que mantengo con esta empresa, por lo que solicito que me sea concedida la **EXCEDENCIA FORZOSA**, al amparo del artículo 46.1 del vigente Real Decreto Legislativo 2/2015, de 23 de octubre, por el que se aprueba el texto refundido de la Ley del Estatuto de los Trabajadores, a partir del día [DÍA] de [MES] de [AÑO], fecha señalada para la toma de posesión.

Igualmente, siguiendo el precepto citado, la citada excedencia no impide mi derecho a la conservación de mi actual puesto de trabajo de [ESPECIFICAR] y al cómputo de la antigüedad mientras dure mi cargo.

Sin otro particular que comunicarle, en espera de respuesta por su parte.

Sin otro particular,

[FIRMA]

D./D.ª [NOMBRE_PERSONA_TRABAJADORA].

Recibí

[SELLO_Y_FIRMA_EMPRESA]

La empresa.

---

(1) Especificar el cargo público que imposibilita la asistencia al trabajo. El desempeño del cargo debe imposibilitar la asistencia al trabajo; en caso contrario el trabajador puede compatibilizar con su trabajo disfrutando de los permisos habilitados al efecto por el art. 37.3. d) del ET. Teniendo la facultad el empresario, si las ausencias superan el 20 por 100 en tres meses pasar al trabajador a situación de excedencia forzosa. Facultad que puede o no ser ejercitada y puede ser impuesta al trabajador. Aunque es lícito y vinculante el pacto por el cual el trabajador no pasa a situación de excedencia y el empresario descuenta de su salario la parte proporcional del tiempo no trabajado como consecuencia del desempeño del cargo.

Solicitud de reingreso a la finalización de excedencia forzosa

D./Dña. [NOMBRE_PERSONA_TRABAJADORA].

DNI [NÚMERO].

Dirección: [DIRECCIÓN_TRABAJADOR].

En [LUGAR] a [DÍA] de [MES] de [AÑO]. (1)

A la att. de la representación legal de la empresa [NOMBRE_EMPRESA].

Mediante la presente le comunico que, con efectos de [FECHA] (1), se producirá la finalización de mi designación (o elección) para el desarrollo de cargo público lo que, al amparo del artículo 46.1 del vigente Real Decreto Legislativo 2/2015, de 23 de octubre, por el que se aprueba el texto refundido de la Ley del Estatuto de los Trabajadores, supone mi **reincorporación en el puesto de trabajo de** [ESPECIFICAR] **que venía desarrollando antes del inicio de la excedencia forzosa solicitada el pasado** [FECHA].

Sin otro particular que comunicarle, en espera de respuesta por su parte, le saluda atentamente,

[FIRMA]

D./Dña. [NOMBRE_PERSONA_TRABAJADORA].

Recibí

[NOMBRE_SELLO_EMPRESA]

La empresa.

_____

(1) El reingreso deberá ser solicitado dentro del mes siguiente al cese en el cargo público (art. 46.1 del ET).

Solicitud por parte del trabajador de prórroga de excedencia voluntaria

D./D.ª [NOMBRE_PERSONA_TRABAJADORA].

DNI [NÚMERO].

Dirección: [DIRECCIÓN].

En [LUGAR] a [DIA] de [MES] de [AÑO].

A la att. de la representación legal de la empresa [NOMBRE_EMPRESA].

Muy Señores/as míos/as:

Por la presente, yo Don/Doña [NOMBRE_PERSONA_TRABAJADORA], en posesión del Documento Nacional de identidad número [NÚMERO] y persona trabajadora de esta empresa desde el [FECHA], con la grupo profesional de [GRUPO_PROFESIO-NAL], les entrego la presente solicitud de:

PRÓRROGA DE EXCEDENCIA VOLUNTARIA

Solicitada en su día con fecha del [FECHA] y hasta el [FECHA] por el motivo de [ESPECIFICAR]. Les comunico mi intención de prorrogar la excedencia solicitada hasta el día [FECHA] debido a [ESPECIFICAR].

Sin otro particular que comunicarle, y a la espera de la concesión por su parte de la ampliación de excedencia solicitada. (1)

Atentamente,

[FIRMA]

Fdo: [NOMBRE_PERSONA_TRABAJADORA].

DNI: [NÚMERO].

Recibí

[SELLO_Y_FIRMA_EMPRESA]

La empresa.

---

(1) En caso de no tener contestación por parte de la empresa a su solicitud de prórroga o recibir negativa a la misma, el trabajador deberá instar, si esa es su intención en caso de no concederle tal prórroga, su reingreso en el plazo establecido, es decir, un mes antes del fin de la excedencia efectivamente concedida. (STS, rec. 2127/2013, de 8 de julio de 2014, ECLI:ES:TS:2014:3913).

Denegación de excedencia voluntaria al trabajador por parte de la empresa (falta de antigüedad mínima para generar el derecho)

En [LUGAR], a [DÍA] de [MES] de [AÑO].

[NOMBRE_EMPRESA].

Sr./Sra. D./D.ª [NOMBRE_PERSONA_TRABAJADORA]

Muy Sr./Sra. mío:

En contestación a su petición con data de [FECHA] lamentamos tener que comunicarle que **no cumple con el requisito necesario de antigüedad mínima de** [NÚMERO] año en la empresa (1), ya que su ingreso se produjo el [FECHA].

Por ello, deberá aplazar su decisión hasta alcanzar el año completo de antigüedad exigido por el artículo 46.2 del Real Decreto Legislativo 2/2015, de 23 de octubre, por el que se aprueba el texto refundido de la Ley del Estatuto de los Trabajadores, es decir, hasta el [DÍA] de [MES] del próximo año.

Sin otro particular que manifestarle.

Atentamente,

[FIRMA_SELLO_EMPRESA]

La empresa

Recibí

[FIRMA]

D./D.ª [NOMBRE_PERSONA_TRABAJADORA].

---

(1) La excedencia voluntaria (art. 46.2 del ET) se reconoce a toda persona trabajadora con una antigüedad superior a un año.

Concesión de excedencia voluntaria al trabajador por parte de la empresa (matización requisitos establecidos por convenio colectivo)

En [LUGAR], a [DÍA] de [MES] de [AÑO].

[DATOS_EMPRESA].

D/D.ª [NOMBRE_PERSONA_TRABAJADORA].

DNI [NÚMERO].

Muy Sr/Sra. mío/mía:

Acusamos recibo de su solicitud de excedencia voluntaria por un periodo de [ESPECIFICAR] recibida por su parte el [FECHA].

La dirección de la empresa accede a la petición formulada por Vd., y le comunica que, en virtud de lo establecido en el art. 46.2 del Real Decreto Legislativo 2/2015, de 23 de octubre, por el que se aprueba el texto refundido de la Ley del Estatuto de los Trabajadores, le concede la excedencia voluntaria que surtirá efectos desde el día [FECHA] hasta el [FECHA]. (1)

Sirva la presente para recordarle los aspectos a tener en cuenta durante esta situación así como los requisitos establecidos en el artículo [NÚMERO] del convenio colectivo [CONVENIO_COLECTIVO_APLICABLE] y del art. 46 del citado texto refundido de la Ley del Estatuto de los Trabajadores, a efectos de reincorporación tras la situación de excedencia voluntaria: (2)

A modo de ejemplo:

- Los trabajadores/as con un año de antigüedad podrán solicitar la excedencia voluntaria por un plazo superior a cuatro meses e inferior a cinco años.
- Los periodos inferiores podrán prorrogarse hasta los cinco años en total.
- Los trabajadores/as que hayan disfrutado de una excedencia voluntaria y quieran acogerse a otra deberán dejar transcurrir al menos un año desde la finalización de la primera excedencia para que la empresa se la conceda.
- Las peticiones de excedencia y de sus prórrogas quedarán resueltas por la empresa en un plazo máximo de quince días.
- Si el trabajador/a no solicitara el reingreso con un preaviso de [NÚMERO] (2), perderá el derecho de un puesto en la Empresa, siendo admitido inmediatamente en el caso de cumplir tal requisito en el mismo subgrupo y puesto que tenía cuando la solicitó.
- Los trabajadores/as que soliciten excedencia como consecuencia de haber sido nombrados para el ejercicio de cargos públicos y sindicales, no necesitarán de un año de antigüedad para solicitarla, concediéndose obligatoriamente en estos casos, siendo admitido inmediatamente al cumplir su mandato. En este supuesto y durante el tiempo de excedencia se computará a los efectos de antigüedad.

- Si el trabajador/a en excedencia no se incorpora, el sustituto, pasará a formar parte de la plantilla como fijo respetándose la antigüedad.
- Etc.

Atentamente y rogándole firme el duplicado a efectos de recibí y constancia.

[SELLO_Y_FIRMA_EMPRESA]

La empresa.

Recibí

[FIRMA]

D/D.ª [NOMBRE_PERSONA_TRABAJADORA].

DNI: [NÚMERO].

---

(1) La jurisprudencia del TS ha afirmado que el derecho preferente al reingreso del trabajador en excedencia voluntaria «es un derecho potencial o expectante, condicionado a la existencia de vacante en la empresa, y no un derecho incondicionado, ejercitable de manera inmediata en el momento en que el trabajador excedente exprese su voluntad de reingreso» (STS, rec. 3232/2011, de 30 de noviembre de 2012, ECLI:ES:TS:2012:8912; STS, rec. 1693/2012, de 15 de marzo de 2013, ECLI: ES:TS:2013:1696; STS, rec. 2140/2012, de 17 de septiembre de 2013, ECLI:ES:TS:2013:4794, entre muchas).
(2) Especificar según convenio o acuerdo.

Comunicación por parte de la empresa de reincorporación a un puesto de trabajo en distinto centro tras excedencia voluntaria

En [LOCALIDAD], a [DÍA] de [MES] de [AÑO]

[DATOS_EMPRESA]

D./D.ª [NOMBRE_PERSONA_TRABAJADORA].

Muy señor/a mío/a:

Habiendo recibido comunicación por su parte de su intención de reincorporación al puesto de trabajo ofrecido por la empresa el pasado día [FECHA] del año en curso, le informamos que de acuerdo a su petición, podrá incorporarse, con efectos del [FECHA] próximo, a la Oficina sita en [DIRECCIÓN], como [GRUPO_PROFESIONAL] (1). Lo que se le comunica a los efectos oportunos.

Quiero reiterarle que la razón por la que su incorporación se realizará en este centro de trabajo, y no en el que prestaba servicios con anterioridad a la solicitud por su parte de excedencia voluntaria radica en razones [TÉCNICAS, ECONÓMICAS, ORGANIZATIVAS O DE PRODUCCIÓN], ya que [DESCRIPCION]. Decisión tomada al amparo del art. [NÚMERO] del [CONVENIO_COLECTIVO_APLICABLE]. (2)

Sin otro particular que comunicarle, le ruega firme el duplicado de la presente a los efectos oportunos y le saluda,

Atentamente

[FIRMA_Y_SELLO_EMPRESA]

La empresa.

Recibí

[FIRMA]

D./D.ª [NOMBRE_PERSONA_TRABAJADORA].

---

(1) La negativa de la empresa a incorporar laboralmente a la persona trabajadora en la misma plaza en la que prestaba sus servicios no supone un despido, pero tampoco supone una dimisión o renuncia de la trabajadora su negativa a reincorporarse en el puesto ofrecido, manteniendo el derecho expectante a reincorporarse en las condiciones previstas en el convenio colectivo. (STS n.º 618/2017, de 13 de julio de 2017, ECLI:ES:TS:2017:3119).

(2) Por convenio colectivo (o acuerdo entre las partes) puede especificarse tanto el periodo de reservar del puesto de trabajo como las condiciones para posible recolocación en otro centro de trabajo una vez finalizada la excedencia.

Reconocimiento por parte de la empresa del paso a situación de excedencia

En [LUGAR], a [DÍA] de [MES] de [AÑO].

[DATOS_EMPRESA].

D./D.ª [NOMBRE_PERSONA_TRABAJADORA].

Muy señor/a mío/a:

En contestación a su escrito de [FECHA], en el que se solicita su paso a la situación de excedencia durante [PLAZO] (1), le notifico el reconocimiento, por esta dirección, de su derecho a disfrutarlo, desde el próximo [FECHA] y hasta el [FECHA]. (2)

Sirva la presente para recordarle los aspectos a tener en cuenta durante esta situación así como los requisitos establecidos en el art. [NÚMERO] del [CONVENIO_COLECTIVO_APLICABLE] y del art. 46 del vigente Real Decreto Legislativo 2/2015, de 23 de octubre, por el que se aprueba el texto refundido de la Ley del Estatuto de los Trabajadores, a efectos de reincorporación tras la situación de excedencia voluntaria:

– Exoneración de las obligaciones recíprocas de trabajar y remunerar el trabajo.

– No extinción del vínculo laboral sino suspensión.

– El período de excedencia voluntaria no se computa a efectos de antigüedad. (3)

– No se reconoce derecho a reserva de puesto de trabajo, sino derecho a reingreso preferente cuando haya vacante de igual categoría a la suya que existan o se produzcan en la empresa.

– No existe obligación de cotizar por parte de la empresa durante esta situación.

– El preaviso para su reincorporación ha de realizarse con [PLAZO] de antelación. (4)

– [SEGÚN_CONVENIO].

Sin otro particular que comunicarle más que rogarle firme el duplicado a efectos de recibí y constancia, se despide, atentamente,

[FIRMA]

La empresa

Recibí

[FIRMA]

D./D.ª [NOMBRE_PERSONA_TRABAJADORA].

---

(1) La fijación del período de excedencia puede hacerse por un plazo cierto o por un período indeterminado, dentro de un mínimo de 4 meses y un máximo de 5 años (art. 46.2 del ET).

(2) El período en que el trabajador permanezca en situación de excedencia será computable a efectos de antigüedad y el trabajador tendrá derecho a la asistencia a cursos de formación profesional, a cuya participación deberá ser convocado por el empresario, especialmente

con ocasión de su reincorporación. Durante el primer año tendrá derecho a la reserva de su puesto de trabajo. Transcurrido dicho plazo, la reserva quedará referida a un puesto de trabajo del mismo grupo profesional o categoría equivalente.

(3) En contraposición a la excedencia forzosa.

(4) Según convenio o acuerdo.

Denegación de prórroga del período de excedencia voluntaria

En [LUGAR], a [DÍA] de [MES] de [AÑO].

[DATOS_EMPRESA].

D./D.ª [NOMBRE_PERSONA_TRABAJADORA].

Muy Sr./Sra. mío/mía:

Por medio de la presente, y tras haber recibido su solicitud de la prórroga de la situación de excedencia en la que se encuentra, le comunicamos que la empresa no puede conceder la ampliación de la misma, que se dará por finalizada a efectos legales el próximo [FECHA].

Como Vd. sabe, siguiendo la interpretación doctrinal del art. 46 del texto refundido de la Ley del Estatuto de los Trabajadores, el hecho de que el legislador haya aceptado la posibilidad de que la excedencia pueda alcanzar una duración de entre dos y cinco años supone reconocer al trabajador un derecho a suspender su relación laboral con la empresa, pero no lleva implícito el que esa adecuación de sus intereses se haga sin tener en cuenta los intereses de la empresa teniendo esta la posibilidad de negar prórroga sobre la solicitud inicial aceptada. (1)

Igualmente quiero recordarle que el [CONVENIO_COLECTIVO_APLICABLE] no reconoce esta posibilidad.

Atentamente y rogándole firme el duplicado a efectos de recibí y constancia.

[SELLO_Y_FIRMA_EMPRESA]

La empresa.

Recibí:

[FIRMA]

D./D.ª [NOMBRE_PERSONA_TRABAJADORA].

---

(1) STS, rec. 2366/2010, de 20 de junio de 2011, ECLI:ES:TS:2011:4705.

Denegación de readmisión finalizada la excedencia voluntaria ante pérdida de derecho por competencia desleal

En [PROVINCIA], a [DÍA] de [MES] de [AÑO] (1)

[DATOS_EMPRESA].

A la Att. de D/D.ª [NOMBRE_PERSONA_TRABAJADORA].

Muy Sr./Sra. mío/mía:

En contestación a su escrito de fecha [FECHA], por el que nos solicita reincorporarse de la excedencia voluntaria que viene disfrutando desde el día [FECHA] y que finalizará el próximo día [FECHA], lamentamos comunicarle —una vez examinado el informe de vida laboral aportado por Ud. a esta empresa con fecha [FECHA]— la **denegación de su petición de reingreso en fecha** [FECHA] (1), ya que **no ha cumplido la condición estipulada en el art.** [NÚMERO] **del vigente convenio colectivo** [CONVENIO_COLECTIVO_APLICABLE] **(2), de no prestar sus servicios en otra empresa que se dedique a la misma actividad durante el periodo de excedencia** y que en su caso supone la pérdida automática su derecho de reingreso en esta empresa.

Atentamente y rogándole firme el duplicado a efectos de recibí y constancia.

[SELLO_Y_FIRMA_EMPRESA].

La empresa.

RECIBÍ:

[FIRMA]

D/D.ª [NOMBRE_PERSONA_TRABAJADORA].

---

(1) Algunos convenios colectivos establecen un preaviso para la reincorporación del trabajador. La STSJ de la Comunidad Valenciana n.º 1096/2012, de 18 de abril de 2012, ECLI:ES:TSJCV:2012:1677, ha aclarado esta situación definiendo el verdadero sentido del preaviso: «(...) nunca una interpretación puede conducir al absurdo cual sería el de negar todo significado a la exigencia del preaviso, ha de situarse su razón de ser en las consecuencias para la empresa derivadas de la dificultad de una sorpresiva petición de reingreso, aún en el caso de contar con una vacante, traduciéndose la del incumplimiento del preaviso en una moratoria para la empresa equivalente a dicho plazo, y desde luego siempre que la solicitud se efectúe antes de finalizar la excedencia concedida».

(2) A modo de ej.: art. 48.2 del convenio colectivo del sector de saneamiento público, limpieza viaria, riegos, recogida, tratamiento y eliminación de residuos, limpieza y conservación de alcantarillado.

Escrito comunicando la intención de falta de reincorporación tras finalización de excedencia

En [LUGAR], a [DÍA] de [MES] de [AÑO].

D./D.ª [NOMBRE_PERSONA_TRABAJADORA].

DNI: [NÚMERO].

A la att. de [NOMBRE_EMPRESA].

Muy señores/as míos/as:

Encontrándome en situación de excedencia [ESPECIFICAR] (1) desde el pasado [FECHA] al amparo del art. [NÚMERO] del convenio colectivo [CONVENIO_COLEC-TIVO_APLICABLE], por medio de la presente carta les comunico mi voluntad, por motivos [ESPECIFICAR] (2), de no reincorporarme tras la finalización del plazo acordado para la misma el próximo [FECHA]. Les ruego procedan al cálculo y pongan a mi disposición, en la fecha indicada, la liquidación de mis derechos económicos devengados y no satisfechos hasta la misma que se concretan en: [ESPECIFICAR]. (3)

Sin otro particular, rogándoles acusen recibo mediante la firma del duplicado de la presente, atentamente les saluda.

[FIRMA]

D./D.ª [NOMBRE_PERSONA_TRABAJADORA].

Recibí:

[FIRMA_Y_ SELLO_EMPRESA]

La empresa.

---

(1) Especificar motivo de la excedencia según art. 46 ET.

(2) La legislación y la jurisprudencia laboral no obliga a especificar el motivo de la dimisión o abandono del trabajador pero si se desea pueden consignarse los motivos. Ej.: «estrictamente personales», «desplazamiento a otro país», «familiares», etc.

(3) Especificar cualquier devengo pendiente para su liquidación.

Acuerdo entre empresa y persona trabajadora para el disfrute de excedencia por cuidado de hijo

En [LUGAR], a [DÍA] de [MES] de [AÑO].

REUNIDOS

D./D.ª [NOMBRE], como [REPRESENTANTE] de la empresa [NOMBRE_EMPRESA], con domicilio social en [DOMCILIO_SOCIAL].

Y de la otra D./D.ª [NOMBRE_PERSONA_TRABAJADORA], con el grupo profesional de [GRUPO_PROFESIONAL] en la citada empresa y domicilio a efectos de notificación en [DOMICILIO].

MANIFIESTAN

I. Que D./D.ª [NOMBRE_PERSONA_TRABAJADORA] ha solicitado una excedencia laboral en la citada empresa para atender al cuidado de su hijo/a [NOMBRE], nacido el pasado [DÍA] de [MES] de [AÑO], hasta que éste cumpla la edad de [NÚMERO] años.

II. Que la empresa reconoce el derecho de la persona trabajadora y, en consecuencia,

ACUERDAN

PRIMERO. Que la excedencia se iniciará con fecha de [FECHA] finalizando el [FECHA]. (1)

SEGUNDO. El período en que el/la trabajador/a permanezca en situación de excedencia será computable a efectos de antigüedad.

TERCERO. La persona trabajadora tendrá derecho a la asistencia a cursos de formación profesional, a cuya participación deberá ser convocado por el empresario, especialmente con ocasión de su reincorporación.

CUARTO. Que durante el primer año tendrá derecho a la reserva de su puesto de trabajo. Transcurrido dicho plazo, la reserva quedará referida a un puesto de trabajo del mismo grupo profesional o categoría equivalente.

QUINTO. La solicitud ha de presentarse con un mínimo de un mes de antelación a la finalización del periodo de excedencia. (2)

SEXTO. En caso de no solicitar el reingreso, en tiempo y forma establecido anteriormente, el trabajador será considerado en situación de excedencia voluntaria.

SÉPTIMO. [ESPECIFICAR CARACTERÍSTICAS SI EL PERIODO SE DISFRUTA DE FORMA FRACCIONADA].

OCTAVO. La solicitud de prórroga debe presentarse antes de que finalice el período de excedencia, pudiendo la empresa denegarla. (3)

Lo que firmamos y ratificamos por duplicado en fecha y lugar arriba indicados.

[FIRMAS]

(1) El período en que el trabajador permanezca en situación de excedencia conforme a lo establecido en el art. 46.3del ET, será computable a efectos de antigüedad y el trabajador tendrá derecho a la asistencia a cursos de formación profesional, a cuya participación deberá ser convocado por el empresario, especialmente con ocasión de su reincorporación. Durante el primer año tendrá derecho a la reserva de su puesto de trabajo. Transcurrido dicho plazo, la reserva quedará referida a un puesto de trabajo del mismo grupo profesional o categoría equivalente.

(2) Salvo especificación de otro periodo por convenio colectivo.

(3) La concesión de la prórroga no es un derecho del trabajador, por lo que la falta de incorporación al trabajo al finalizar la excedencia voluntaria, no habiéndose concedido la prórroga de la misma, implica un abandono del puesto de trabajo.

Formulario de papeleta de conciliación ante el SMAC solicitando reconocimiento de la existencia de despido por negativa de la empresa a la reincorporación tras excedencia

AL SERVICIO DE MEDIACIÓN, ARBITRAJE Y CONCILIACIÓN DE [PROVINCIA]

D./D.ª [NOMBRE_PERSONA_TRABAJADORA], mayor de edad, en posesión del DNI número [NÚMERO], y con domicilio a efectos de notificación en [DOMICILIO] ante el Servicio de Mediación, Arbitraje y Conciliación de [PROVINCIA], comparezco y

DIGO

Que por medio del presente escrito, vengo a presentar **PAPELETA DE CONCILIACIÓN** en materia de **DESPIDO IMPROCEDENTE** contra la empresa [NOMBRE_EMPRESA], dedicada a la actividad de [ACTIVIDAD_EMPRESA], provista de CIF [CIF], y con domicilio social en [DOMICILIO_SOCIAL].

La solicitud se basa en los siguientes,

HECHOS

PRIMERO. Que el demandante ha venido prestando sus servicios en la empresa demandada desde el [DÍA] de [MES] de [AÑO], con la categoría de [CATEGORIA_PROFESIONAL] y un salario [ESPECIFICAR] de [CANTIDAD] euros, incluida la prorrata de pagas extras, prestando sus servicios en el centro de trabajo de [LUGAR_CENTRO_TRABAJO], en la sección de [ESPECIFICAR], y realizando las funciones de [FUNCIONES].

SEGUNDO. Que con fecha [DÍA] de [MES] de [AÑO], al amparo de lo establecido en el artículo 46.3 del Real Decreto Legislativo 2/2015, de 23 de octubre, por el que se aprueba el texto refundido de la Ley del Estatuto de los Trabajadores, en relación a lo estipulado en el Convenio colectivo del sector de [CONVENIO_COLECTIVO_APLICABLE], aplicable a la empresa demandada, solicité excedencia para el cuidado de mi hijo [NOMBRE], que había nacido el[DÍA] de [MES] de [AÑO], concediéndose la misma que empecé a disfrutar el [DÍA] de [MES] de [AÑO].

TERCERO. Transcurridos [NÚMERO] meses desde el inicio del periodo de excedencia, por burofax dirigido a la empresa —y recibido por la misma el [DÍA] de [MES] de [AÑO]—, comuniqué al empresario, mi intención de incorporarme a mi puesto de trabajo el día [DÍA] de [MES] de [AÑO], día éste en que se cumplían exactamente [NÚMERO] meses de la situación de excedencia, sin que ha dicha comunicación tuviera contestación de tipo alguno.

CUARTO. Que llegado el día de reincorporación anteriormente anunciado, y al dirigirme a la empresa, me dijo el gerente de la misma D./D.ª [NOMBRE] que mi reincorporación era imposible dado que mi puesto de trabajo ya estaba ocupado por D./D.ª [NOMBRE_TRABAJADORA] sin tener intención de finalizar la relación laboral que había iniciado para sustituirme. (1)

QUINTO. Que por haber transcurrido únicamente un periodo de [NÚMERO] meses, al amparo del art. 46.3 del ET, tengo derecho a la reserva de mi puesto de trabajo.

SEXTO. Que en base a lo anterior procede la inmediata reincorporación a la empresa en base al art. 46 del Real Decreto Legislativo 2/2015, de 23 de octubre, por el que se aprueba el texto refundido de la Ley del Estatuto de los Trabajadores y art. [NÚMERO] del [CONVENIO_COLECTIVO_APLICABLE] con derecho a una indemnización de daños y perjuicios por falta de reincorporación de [CANTIDAD] euros. (2)

Por lo expuesto,

SOLICITO AL SERVICIO DE MEDIACIÓN, ARBITRAJE Y CONCILIACIÓN DE [PROVINCIA], que teniendo por presentada esta papeleta de conciliación, por reconocimiento de la existencia de despido improcedente ante la negativa de la empresa a la reincorporación tras excedencia, cite en legal forma a la empresa [NOMBRE_EMPRESA] en la persona de su legal representante o persona autorizada en derecho, al objeto de que en la preceptiva conciliación **se avenga en reconocer la improcedencia del despido de acuerdo con el artículo 56 del Estatuto de los Trabajadores.**

En [LOCALIDAD], a [DÍA] de [MES] de [AÑO].

[FIRMAS]

OTROSÍ DIGO PRIMERO: esta parte asistirá al acto del juicio acompañada de [GRADUADO SOCIAL/ABOGADO], designándose a efectos de citaciones y notificaciones el domicilio de su despacho profesional sito en [LOCALIDAD], C/ [CALLE], n.º [NÚMERO], de acuerdo con lo estipulado en el artículo 21 de la Ley de la Jurisdicción Social.

OTROSÍ DIGO SEGUNDO: que conforme al art. 90 de la Ley 36/2011, de 10 de octubre, reguladora de la jurisdicción social, interesa al derecho de esta parte se practiquen en el acto del juicio oral los siguientes medios de PRUEBA:

- **INTERROGATORIO** del representante legal de la empresa para que previa citación al efecto y bajo juramento indecisorio, absuelva las posiciones que, en su momento, se formularán verbalmente con el apercibimiento de que, en caso de no comparecer, se tendrán por ciertos los hechos en los que el interrogado hubiese intervenido personalmente.

- **DOCUMENTAL**, debiendo requerirse al demandado para que presente y aporte al proceso los siguientes documentos, con apercibimiento de que, de no hacerlo sin causa justificada, podrán estimarse probadas las alegaciones hechas por esta parte en relación con esta prueba:

  - [DOCUMENTO].
  - [DOCUMENTO].

- **TESTIFICAL**, para que los testigos que a continuación se relacionan, sean citados por vía judicial para ser examinados en dicho acto de juicio:

  - D./D.ª [NOMBRE_TESTIGO] con domicilio en [DOMICILIO_TESTIGO].
  - D./D.ª [NOMBRE_TESTIGO] con domicilio en [DOMICILIO_TESTIGO].

SUPLICO AL JUZGADO DE LO SOCIAL:

Que tenga por hecha dicha manifestación, siendo justicia que reitero.

En [LOCALIDAD], a [DÍA] de [MES] de [AÑO].

[FIRMAS]

---

(1) ATS, rec. 1878/2000, de 21 de diciembre de 2000, ECLI:ES:TS:2000:6554A.

(2) La STS, rec. 148/2014, de 4 de febrero de 2015, ECLI:ES:TS:2015:1374 resume la doctrina jurisprudencial en la materia en los siguientes puntos:

«1) se presume que la reincorporación tardía del trabajador excedente da lugar a una indemnización de daños y perjuicios;

2) la cuantía de la indemnización se cifra en principio en los salarios dejados de percibir a causa de la conducta de incumplimiento de la empresa desde la conciliación o reclamación administrativa previas a la reclamación judicial, o desde este última si por una u otra razón se ha interpuesto antes;

3) corresponde al trabajador la acreditación de daños y perjuicios superiores que considere se han producido; y

4) corresponde al empresario la acreditación de los hechos impeditivos de las indemnizaciones reclamadas».

Demanda solicitando el reconocimiento de la existencia de despido por negativa de la empresa a la reincorporación tras excedencia

AL JUZGADO DE LO SOCIAL N.º [NÚMERO_JUZGADO] **DE** [PROVINCIA]

D./D.ª [NOMBRE_LETRADO], colegiado número [NÚMERO] de [LOCALIDAD], en calidad de letrado/a [GRADUADO_SOCIAL] y representante de D./D.ª [NOMBRE_PERSONA_TRABAJADORA], con DNI/NIE/NIF n.º [NÚMERO] y domicilio en C/[CALLE], n.º [NÚMERO], CP [CÓDIGO_POSTAL], [LOCALIDAD], [PROVINCIA] según acredito por medio de [ESCRITURA DE PODER QUE SE ACOMPAÑA COMO DOCUMENTO N.º [NÚMERO]/PODER APUD ACTA], ante el juzgado de lo social comparezco y, como mejor proceda en derecho,

DIGO

Que mediante el presente escrito formula **DEMANDA POR DESPIDO IMPROCEDENTE** contra la empresa [NOMBRE_EMPRESA], DNI/NIE/NIF n.º [NIF_CIF_DNI_PARTE CONTRARIA], con domicilio en [DOMICILIO_SOCIAL], en la persona de su representante legal, todo ello en base a los siguientes,

HECHOS

PRIMERO.- Que el demandante ha venido prestando sus servicios en la empresa demandada desde el [DÍA] de [MES] de [AÑO], con la categoría de [CATEGORIA_PROFESIONAL] y un salario [ESPECIFICAR] de [CANTIDAD] euros, incluida la prorrata de pagas extras, prestando sus servicios en el centro de trabajo de [LUGAR_CENTRO_TRABAJO], en la sección de [ESPECIFICAR], y realizando las funciones de [FUNCIONES].

SEGUNDO.- Que con fecha [DÍA] de [MES] de [AÑO], al amparo de lo establecido en el artículo 46.3 del Real Decreto Legislativo 2/2015, de 23 de octubre, por el que se aprueba el texto refundido de la Ley del Estatuto de los Trabajadores, en relación a lo estipulado en el convenio colectivo del sector de [CONVENIO_COLECTIVO_APLICABLE], aplicable a la empresa demandada, mi poderdante solicita excedencia para el cuidado de mi hijo [NOMBRE], que había nacido el [DÍA] de [MES] de [AÑO], concediéndose la misma y la cual empezó a disfrutar el [DÍA] de [MES] de [AÑO].

TERCERO.- Transcurridos [NÚMERO] meses desde el inicio del periodo de excedencia, por burofax dirigido a la empresa y recibido por la misma el [DÍA] de [MES] de [AÑO], mi poderdante comunicó al empresario, su intención de incorporarse a su puesto de trabajo el día [DÍA] de [MES] de [AÑO], día éste en que se cumplían exactamente [NÚMERO] meses de la situación de excedencia, sin que ha dicha comunicación tuviera contestación de tipo alguno.

CUARTO.- Que llegado el día de reincorporación anteriormente anunciado, y al dirigirse a la empresa, el gerente de la misma D./D.ª [NOMBRE] le indicó que su reincorporación era imposible dado que su puesto de trabajo ya estaba ocupado por D./D.ª [NOMBRE_TRABAJADOR_A] sin tener intención de finalizar la relación laboral que había iniciado para la cobertura de su vacante. (1)

QUINTO.- Que por haber transcurrido únicamente un periodo de [NÚMERO] meses, al amparo del art. 46.3 del ET, la persona trabajadora tiene derecho a la reserva de su puesto de trabajo.

SEXTO.- Que el demandante no ocupa ni ha ocupado cargo electivo sindical ni está amparado por garantías sindicales dimanantes del ejercicio del mismo.

SÉPTIMO.- Con fecha [FECHA] se presentó papeleta de demanda ante el SMAC, habiéndose celebrado el preceptivo acto de conciliación el día [FECHA], con el resultado de [ESPECIFICAR], copia de cuya acta se adjunta como documento n.º uno.

FUNDAMENTOS DE DERECHO

I.- JURISDICCIÓN Y COMPETENCIA

La Ley 36/2011, de 10 de octubre, reguladora de la jurisdicción social, y en particular sus artículos 1 y 2 letra a) y 6 y 10 en cuanto a la competencia del juzgado a que nos dirigimos.

II.- CAPACIDAD Y LEGITIMACIÓN

Que me encuentro capacitado procesalmente para comparecer en juicio como legitimado para interponer esta demanda, en virtud de los artículos 16 y 17 de la Ley de la Jurisdicción Social.

III.- PROCEDIMIENTO

La Ley 36/2011, de 10 de octubre, reguladora de la jurisdicción social, y en particular los artículos 103 a 113 y siguientes reguladores de los procesos de despido.

IV.- NORMATIVA APLICABLE

El Real Decreto Legislativo 2/2015, de 23 de octubre, por el que se aprueba el texto refundido de la Ley del Estatuto de los Trabajadores, y, en particular, sus artículos 46, donde se regulan las excedencias a las que tienen derecho los trabajadores y el establecimiento que durante el primer año el trabajador tendrá derecho a la reserva de su puesto de trabajo, y el artículo 56 relativo al despido improcedente.

> «3. Los trabajadores tendrán derecho a un periodo de excedencia de duración no superior a tres años para atender al cuidado de cada hijo, tanto cuando lo sea por naturaleza, como por adopción, o en los supuestos de guarda con fines de adopción o acogimiento permanente, a contar desde la fecha de nacimiento o, en su caso, de la resolución judicial o administrativa.
>
> También tendrán derecho a un periodo de excedencia, de duración no superior a dos años, salvo que se establezca una duración mayor por negociación colectiva, los trabajadores para atender al cuidado del cónyuge o pareja de hecho, o de un familiar hasta el segundo grado de consanguinidad y por afinidad, incluido el familiar consanguíneo de la pareja de hecho, que por razones de edad, accidente, enfermedad o discapacidad no pueda valerse por sí mismo, y no desempeñe actividad retribuida.
>
> La excedencia contemplada en el presente apartado, cuyo periodo de duración podrá disfrutarse de forma fraccionada, constituye un derecho individual de los trabajadores y trabajadoras. No obstante, si dos o más personas trabajadoras de la misma empresa generasen este derecho por el mismo sujeto causante, la empresa podrá limitar su ejercicio simultáneo por razones fundadas y objetivas de funcionamiento debidamente motivadas por escrito debiendo en tal caso la empresa ofrecer un plan alternativo que asegure el disfrute de ambas personas trabajadoras y que posibilite el ejercicio de los derechos de conciliación. Cuando un nuevo sujeto causante diera derecho a un nuevo pe-

riodo de excedencia, el inicio de la misma dará fin al que, en su caso, se viniera disfrutando.

El periodo en que la persona trabajadora permanezca en situación de excedencia conforme a lo establecido en este artículo será computable a efectos de antigüedad y el trabajador tendrá derecho a la asistencia a cursos de formación profesional, a cuya participación deberá ser convocado por la empresa, especialmente con ocasión de su reincorporación. Durante el primer año tendrá derecho a la reserva de su puesto de trabajo. Transcurrido dicho plazo, la reserva quedará referida a un puesto de trabajo del mismo grupo profesional o categoría equivalente.

No obstante, cuando la persona trabajadora forme parte de una familia que tenga reconocida la condición de familia numerosa, la reserva de su puesto de trabajo se extenderá hasta un máximo de quince meses cuando se trate de una familia numerosa de categoría general, y hasta un máximo de dieciocho meses si se trata de categoría especial. Cuando la persona ejerza este derecho con la misma duración y régimen que el otro progenitor, la reserva de puesto de trabajo se extenderá hasta un máximo de dieciocho meses.

En el ejercicio de este derecho se tendrá en cuenta el fomento de la corresponsabilidad entre mujeres y hombres y, asimismo, evitar la perpetuación de roles y estereotipos de género».

El convenio colectivo del sector de [CONVENIO_COLECTIVO], actualmente vigente y publicado en el B.O. [PROVINCIA], con fecha [FECHA] y aplicable a la empresa demandada.

V.- FONDO DEL ASUNTO

Son de aplicación las siguientes resoluciones judiciales:

– Sentencia del Tribunal Supremo, rec. 148/2014, de 4 de febrero de 2015, ECLI:ES:TS:2015:1374, que resume la doctrina jurisprudencial en la materia en los siguientes puntos:

«1) se presume que la reincorporación tardía del trabajador excedente da lugar a una indemnización de daños y perjuicios;

2) la cuantía de la indemnización se cifra en principio en los salarios dejados de percibir a causa de la conducta de incumplimiento de la empresa desde la conciliación o reclamación administrativa previas a la reclamación judicial, o desde este última si por una u otra razón se ha interpuesto antes;

3) corresponde al trabajador la acreditación de daños y perjuicios superiores que considere se han producido; y

4) corresponde al empresario la acreditación de los hechos impeditivos de las indemnizaciones reclamadas».

– Auto del Tribunal Supremo, rec. 856/2000, de 21 de diciembre de 2000, ECLI:ES:TS:2000:6554A, declarando que cuando el trabajador solicita el reingreso y la empresa no contesta su petición o la rechaza pretextando falta de vacantes o circunstancias análogas que no suponen el desconocimiento del vínculo existente entre las partes, el trabajador podrá ejercitar la acción de reingreso, mientras que cuando se produce una negativa rotunda e inequívoca que implica el rechazo de la existencia de la relación entre las partes, esta negativa no es ya únicamente un desconocimiento del derecho a la reincorporación, sino un rechazo de la existencia de algún vínculo entre las partes, y la acción que debe ser ejercitada frente a ella es la de despido. Ante la negativa empresarial a la petición de reingreso desde la situación de excedencia voluntaria quedan abiertas al trabajador dos vías, alternativas y no optativas, para impugnar tal decisión: el proceso de despido cuando dicha negativa, por las circunstancias en que se produce, manifiesta no el mero rechazo del derecho a la reincorporación, sino voluntad inequívoca, aunque se produzca tácitamente, de tener por extinguido el vínculo laboral hasta entonces en suspenso; y el proceso ordinario en aquellos otros supuestos en que la negativa denota simple desconocimiento del mencionado derecho, pero sin negar la persistencia de la relación de trabajo, aunque con voluntad de que se conserve en suspenso.

– Sentencia del Tribunal Superior de Justicia de Galicia n.º 4004/2012, de 10 de julio de 2012, ECLI:ES:TSJGAL:2012:6299, citando doctrina jurisprudencial reiterada (STS/IV de 27 julio y 29 noviembre 1993; 24 de mayo de 1995, y 16 de noviembre de 1998, entre otras) donde se concreta que «puede apreciarse la existencia de un despido tácito a partir de hechos suficientemente concluyentes a partir de los cuales pueda establecerse la voluntad extintiva del empresario». Para existir despido, por tanto, ha de apreciarse la voluntad empresarial de extinguir el contrato de trabajo de forma incuestionable, lo que ha sucedido en el presente caso toda vez que [DESCRIPCION]. (2)

– Sentencia del Tribunal Supremo, rec. 2043/2012, de 23 de septiembre de 2013, ECLI:ES:TS:2013:5405. «El incumplimiento del deber de reincorporación supondría —en atinado resumen llevado a cabo por la STS 14/03/95 rcud. 1300/94— que: «1) se presume que la reincorporación tardía del trabajador excedente da lugar a una indemnización de daños y perjuicios; 2) la cuantía de la indemnización se cifra en principio en los salarios dejados de percibir a causa de la conducta de incumplimiento...; 3) corresponde al trabajador la acreditación de daños y perjuicios superiores que considere se han producido; y 4) corresponde al empresario la acreditación de los hechos impeditivos de las indemnizaciones reclamadas. Y en todo caso ha de tenerse en cuenta que la fecha inicial del cómputo de los salarios indemnizatorios, si se ha formulado tempestivamente la petición de reingreso, ha de situarse en la data de finalización del período de excedencia (SSTS 13/02/98, rcud. 1076/98; 28/05/08, rcud. 563/07; 09/06/09, rcud. 3322/08; y 03/12/09, rcud. 4016/08)».

Por lo expuesto,

SUPLICO AL JUZGADO DE LO SOCIAL:

Que, teniendo por presentada esta demanda con sus copias y documentos que se acompañan, la admita a trámite, acuerde señalar día y hora para la celebración de la conciliación previa y, caso de no avenencia, del acto del juicio, y tras de este y de los demás trámites oportunos, concluir dictando sentencia por la que, reconociendo la improcedencia del despido, condene a la demandada a que a su elección, y conforme a lo dispuesto en el artículo 56 del Estatuto de los Trabajadores, proceda a la readmisión del demandante en su puesto de trabajo con las mismas condiciones que tenía antes de producirse el despido, o al pago de la indemnización legalmente establecida y que asciende a la cantidad de [CANTIDAD] euros, correspondientes a 33 días de salario por cada año trabajado (3), y con abono, en caso de la readmisión, de los salarios dejados de percibir desde que el despido tuvo lugar, pues así procede en derecho y justicia. (4)

OTROSÍ DIGO PRIMERO: esta parte asistirá al acto del juicio acompañada de [GRADUADO SOCIAL/ABOGADO], designándose a efectos de citaciones y notificaciones el domicilio de su despacho profesional sito en [LOCALIDAD], C/ [CALLE], n.º [NÚMERO], de acuerdo con lo estipulado en el artículo 21 de la Ley de la Jurisdicción Social.

OTROSÍ DIGO SEGUNDO: que conforme al art. 90 de la Ley 36/2011, de 10 de octubre, reguladora de la jurisdicción social, interesa al derecho de esta parte se practiquen en el acto del juicio oral los siguientes medios de PRUEBA:

- **INTERROGATORIO** del representante legal de la empresa para que previa citación al efecto y bajo juramento indecisorio, absuelva las posiciones que, en su momento, se formularán verbalmente con el apercibimiento de que, en caso de no comparecer, se tendrán por ciertos los hechos en los que el interrogado hubiese intervenido personalmente.

- **DOCUMENTAL,** debiendo requerirse al demandado para que presente y aporte al proceso los siguientes documentos, con apercibimiento de que, de no hacerlo sin causa justificada, podrán estimarse probadas las alegaciones hechas por esta parte en relación con esta prueba:
  - [DOCUMENTO].
  - [DOCUMENTO].

- **TESTIFICAL,** para que los testigos que a continuación se relacionan, sean citados por vía judicial para ser examinados en dicho acto de juicio:
  - D./D.ª [NOMBRE_TESTIGO] con domicilio en [DOMICILIO_TESTIGO].
  - D./D.ª [NOMBRE_TESTIGO] con domicilio en [DOMICILIO_TESTIGO].

SUPLICO AL JUZGADO DE LO SOCIAL:

Que tenga por hecha dicha manifestación, siendo justicia que reitero.

En [LOCALIDAD], a [DÍA] de [MES] de [AÑO].

[FIRMAS]

---

(1) Señalar cualquier hecho que confirme la voluntad empresarial de no recolocar al trabajador pese a la existencia de puesto de trabajo de igual o similar categoría.

(2) La existencia de un despido tácito supondría la improcedencia del acto extintivo de conformidad con los arts. 55.4 del ET y 108.1 de la LRJS.

(3) Son los jueces de lo social, una vez celebrado el juicio, los que dictarán sentencia, en la que calificará el despido como nulo, improcedente o procedente. Los despidos declarados improcedentes conllevan el abono de una indemnización de 33 días por año de servicio, hasta un máximo de 24 mensualidades.

(4) Los criterios fijados jurisprudencialmente para determinar la indemnización que corresponde en supuestos en que el trabajador en situación de excedencia voluntaria, habiendo solicitado oportunamente su reingreso, sin haber sido readmitido por la empresa a pesar de la existencia de vacantes, son:

a) Se presume que la reincorporación tardía del trabajador excedente da lugar a una indemnización de daños y perjuicios.

b) La cuantía de la indemnización se cifra en principio en los salarios dejados de percibir a causa de la conducta de incumplimiento de la empresa desde la conciliación administrativa o reclamación previas a la acción judicial o desde esta última si por una razón u otra se ha interpuesto antes.

c) En cuanto a la carga de la prueba, corresponde al empresario acreditar los hechos impeditivos de la indemnización reclamada, es decir, la inexistencia de vacante, pues en caso contrario se trasladaría al demandado probar un hecho negativo.

En este sentido la STS, rec. 3322/2008 de 9 de junio de 2009, ECLI:ES:TS:2009:4931, estudia el dies a quo para el cómputo de la indemnización por daños y perjuicios derivada de la no reincorporación, finalizada la excedencia, habiéndose producido la vacante con posterioridad a aquella.

Demanda contra despido objetivo de trabajador con contrato de trabajo suspendido por excedencia para atender al cuidado de hijo

AL JUZGADO DE LO SOCIAL DE [PROVINCIA]

D./Dña. [NOMBRE_ABOGADO_CLIENTE], Graduado Social, colegiado con el n.º [NÚMERO], en nombre y representación de D./Dña. [NOMBRE_CLIENTE], mayor de edad, poseedor del D.N.I. núm. [NÚMERO], y vecino de [LOCALIDAD], con domicilio en calle [CALLE], conforme se tiene acreditada por apoderamiento efectuado en el día de hoy, ante el Sr. Secretario Judicial, del Juzgado al que nos dirigimos, ante el JUZGADO DE LO SOCIAL comparezco y como sea más procedente en derecho,

DIGO

Que por medio del presente escrito vengo a interponer **demanda en materia de despido objetivo** contra la empresa [NOMBRE_EMPRESA], domiciliada en [DOMICILIO_SOCIAL], en base a los siguientes hechos y fundamentos de derecho:

HECHOS

PRIMERO. Que el/la demandante ha venido prestando sus servicios en la empresa demandada desde el [DÍA] de [MES] de [AÑO], con la categoría de [CATEGORIA_PROFESIONAL] y un salario [ESPECIFICAR] de [CANTIDAD] euros, incluida la prorrata de pagas extras, prestando sus servicios en el centro de trabajo de [LUGAR], en la sección de [ESPECIFICAR], y realizando las funciones de [FUNCIONES_TRABAJADOR].

SEGUNDO. Que el pasado día [DÍA] de [MES] de [AÑO], la empresa demandada hizo llegar a la trabajadora una carta, en la que se le notificaba su despido con efectos del [FECHA], en base a unas supuestas causas [DESCRIPCIÓN] al amparo de la letra [LETRA]) del art. 52 del Real Decreto Legislativo 2/2015, de 23 de octubre, por el que se aprueba el texto refundido de la Ley del Estatuto de los Trabajadores (se adjunta notificación de extinción como documento n.º 1). (1)

TERCERO. Que el/la trabajadora/a se encuentra en situación de suspensión de contrato al amparo de **excedencia para atender al cuidado de hijo** (art. 46.3 del ET) (se adjunta notificación de solicitud y aceptación por parte de la empresa de la excedencia como documentos n.º 1 y 2).

CUARTO. Que considera esta parte que el despido debe ser declarado como **nulo** por las siguientes razones:

– Las causas alegadas para la extinción en la citada comunicación son inciertas, injustificadas, insuficientes y carentes de cualquier objetividad ya que en la misma se establece «[ESPECIFICAR]», lo que produce una absoluta indefensión a esta parte que hasta el momento desconoce el motivo real y objetivo de la misma.

– La extinción se realiza con efectos del día [FECHA], por lo que la demandante se encontraba durante **un periodo de suspensión del contrato de trabajo motivado en virtud de excedencia para atender al cuidado de hijo (art. 46.3 del ET)**, encontrándonos ante un supuesto de despido objetivo nulo en base a la letra b) del art. 53.4 de la Ley del Estatuto de los Trabajadores.

QUINTO. Que el/la trabajador/a no ocupa ni ha ocupado cargo electivo sindical ni está amparado por garantías sindicales dimanantes del ejercicio del mismo.

SEXTO. Que por la parte demandante se ha intentado la conciliación, a través del preceptivo acto ante el Servicio de Mediación Arbitraje y Conciliación (SMAC), teniendo lugar el mismo sin [ESPECIFICAR], según se acredita por medio del certificado adjunto como documento n.º 3.

FUNDAMENTOS DE DERECHO

I. COMPETENCIA

Es competente este Juzgado de lo Social, de acuerdo con los artículos 2 y 6 de la Ley de la Jurisdicción Social.

II. CAPACIDAD Y LEGITIMACIÓN

Que mi cliente se encuentra capacitado y legitimado conforme a los artículos 16 y 17 de la Ley de la Jurisdicción Social.

III. REPRESENTACIÓN

Que mi representado actúa asistido de abogado/a/ graduado/a social, de acuerdo con los artículos 18 y 21 ambos de la Ley de la Jurisdicción Social.

IV. PROCEDIMIENTO

Que el procedimiento a seguir será el estipulado en los artículos 120 a 123 de la Ley 36/2011, de 10 de octubre, reguladora de la jurisdicción social que regula el procedimiento impugnatorio de la extinción contractual por causas objetivas.

V. NORMATIVA APLICABLE

El Real Decreto Legislativo 2/2015, de 23 de octubre, por el que se aprueba el texto refundido de la Ley del Estatuto de los Trabajadores, y, en particular, sus artículos 51.1 (2), 52, que establecen las causas y efectos de la extinción del contrato por causas objetivas y el artículo 53, letra b), respecto a nulidad de la decisión extintiva por causas objetivas en supuestos como el planteado.

Los **artículos 46.3**, del citado texto estatutario, donde se establece que el trabajador, previo aviso y justificación, podrá ausentarse del trabajo, con derecho a remuneración, por alguno de los motivos y por el tiempo siguiente:

> «3. Los trabajadores tendrán derecho a un periodo de excedencia de duración no superior a tres años para atender al cuidado de cada hijo, tanto cuando lo sea por naturaleza, como por adopción, o en los supuestos de guarda con fines de adopción o acogimiento permanente, a contar desde la fecha de nacimiento o, en su caso, de la resolución judicial o administrativa.
>
> También tendrán derecho a un periodo de excedencia, de duración no superior a dos años, salvo que se establezca una duración mayor por negociación colectiva, los trabajadores para atender al cuidado del cónyuge o pareja de hecho, o de un familiar hasta el segundo grado de consanguinidad y por afinidad, incluido el familiar consanguíneo de la pareja de hecho, que por razones de edad, accidente, enfermedad o discapacidad no pueda valerse por sí mismo, y no desempeñe actividad retribuida.

La excedencia contemplada en el presente apartado, cuyo periodo de duración podrá disfrutarse de forma fraccionada, constituye un derecho individual de los trabajadores y trabajadoras. No obstante, si dos o más personas trabajadoras de la misma empresa generasen este derecho por el mismo sujeto causante, la empresa podrá limitar su ejercicio simultáneo por razones fundadas y objetivas de funcionamiento debidamente motivadas por escrito debiendo en tal caso la empresa ofrecer un plan alternativo que asegure el disfrute de ambas personas trabajadoras y que posibilite el ejercicio de los derechos de conciliación. Cuando un nuevo sujeto causante diera derecho a un nuevo periodo de excedencia, el inicio de la misma dará fin al que, en su caso, se viniera disfrutando.

El periodo en que la persona trabajadora permanezca en situación de excedencia conforme a lo establecido en este artículo será computable a efectos de antigüedad y el trabajador tendrá derecho a la asistencia a cursos de formación profesional, a cuya participación deberá ser convocado por la empresa, especialmente con ocasión de su reincorporación. Durante el primer año tendrá derecho a la reserva de su puesto de trabajo. Transcurrido dicho plazo, la reserva quedará referida a un puesto de trabajo del mismo grupo profesional o categoría equivalente.

No obstante, cuando la persona trabajadora forme parte de una familia que tenga reconocida la condición de familia numerosa, la reserva de su puesto de trabajo se extenderá hasta un máximo de quince meses cuando se trate de una familia numerosa de categoría general, y hasta un máximo de dieciocho meses si se trata de categoría especial. Cuando la persona ejerza este derecho con la misma duración y régimen que el otro progenitor, la reserva de puesto de trabajo se extenderá hasta un máximo de dieciocho meses.

En el ejercicio de este derecho se tendrá en cuenta el fomento de la corresponsabilidad entre mujeres y hombres y, asimismo, evitar la perpetuación de roles y estereotipos de género».

El art. 108.2 de la Ley 36/2011, de 10 de octubre, reguladora de la jurisdicción social, donde se establece que «El despido será nulo en los supuestos señalados en el artículo 55.5 del Estatuto de los Trabajadores».

El convenio colectivo del sector de [CONVENIO_COLECTIVO], actualmente vigente y publicado en el B.O. [PROVINCIA], con fecha [FECHA] y aplicable a la empresa demandada.

VI. FONDO DEL ASUNTO

En cuanto al fondo del asunto, citar las sentencias del Tribunal Supremo, rec. 2520/2006, de 24 de julio de 2007, ECLI:ES:TS:2007:5914; STS, rec. 1452/2005, de 19 de julio de 2006, ECLI:ES:TS:2006:6442; y, STS, rec. 657/2007, de 29 de febrero de 2008, ECLI:ES:TS:2008:2531, donde la Sala IV concluye que salvo que el despido resulte procedente, el móvil discriminatorio se presume legalmente *iuris et de iure* si el empresario conoce el hecho del embarazo.

En último lugar, el párrafo final del precepto reiterado artículo 53.4 del ET declara literalmente que «lo establecido en las letras anteriores será de aplicación, salvo que, en ambos casos, se declare la procedencia del despido por motivos no relacionados con el embarazo o con el ejercicio del derecho a los permisos y excedencia señalados» (igual que el art. 108.2 de la LRJS). Procediendo, en consecuencia, analizar las razones esgrimidas por el empresario en la comunicación escrita del despido objetivo donde: [DESCRIPCIÓN]. (3)

Por lo expuesto,

SUPLICO al JUZGADO DE LO SOCIAL que, teniendo por presentada esta demanda con sus copias y documentos que se acompañan, la admita a trámite, acuerde señalar día y hora para la celebración de la conciliación previa y, caso de no avenencia, del acto del juicio, y tras de éste y de los demás trámites oportunos, concluir dictando sentencia por la que, **reconociendo la NULIDAD DEL DESPIDO OBJETIVO REALIZADO**, condene a la parte demandada la readmisión del/ la actor/a, con abono de los salarios dejados de percibir desde que el despido tuvo lugar, pues así procede en derecho y justicia.

PRIMER OTROSI DIGO que conforme al art. 90 de la Ley 36/2011, de 10 de octubre, reguladora de la jurisdicción social. y en cumplimiento de un correcto ejercicio del derecho de defensa y de la tutela judicial efectiva que garantiza la Constitución y el resto del ordenamiento jurídico, interesa al derecho de esta parte la práctica, en dicho acto, de las siguientes pruebas:

- **INTERROGATORIO** del representante legal de la empresa para que previa citación al efecto y bajo juramento indecisorio, absuelva las posiciones que, en su momento, se formularán verbalmente con el apercibimiento de que en caso de no comparecer se tendrán por ciertos los hechos en los que el interrogado hubiese intervenido personalmente.

- **DOCUMENTAL**, debiendo requerirse al demandado para que presente y aporte al proceso los siguientes documentos, con apercibimiento de que de no hacerlo sin causa justificada podrán estimarse probadas las alegaciones hechas por esta parte en relación con esta prueba:

  - [DOCUMENTO].
  - [DOCUMENTO].

- **TESTIFICAL**, para que los testigos que a continuación se relacionan, sean citados por vía judicial para ser examinados en dicho acto de juicio:

  - D./Dña. [NOMBRE_TESTIGO] con domicilio en [DOMICILIO_TESTIGO].
  - D./Dña. [NOMBRE_TESTIGO] con domicilio en [DOMICILIO_TESTIGO].

SEGUNDO OTROSÍ DIGO: DESIGNACIÓN DE LETRADO Y DOMICILIO A EFECTOS DE NOTIFICACIONES. Que a la celebración de la vista del juicio, comparecerá el Graduado Social, que encabeza la presente demanda, en nombre y representación del demandante, designándose el domicilio de su despacho profesional sito en [LOCALIDAD], C/ [CALLE], n.º [NÚMERO] a efectos de citaciones y notificaciones, de acuerdo con lo estipulado en el artículo 21 de la Ley de la Jurisdicción Social.

SUPLICO AL JUZGADO DE LO SOCIAL, que tenga por hecha dicha manifestación, siendo justicia que reitero.

En [LUGAR], a [FECHA].

[FIRMAS]

---

(1) Consignar según carta de despido en base al art. 52 del ET: «económicas»; «técnicas»; «organizativas»; «de producción», «falta de adaptación del trabajador a las modificaciones técnicas operadas en su puesto de trabajo».

(2) En caso de alegarse causas económicas, técnicas, organizativas o de producción para la extinción objetiva.

(3) Consignar alegaciones a los motivos establecidos en la carta de despido. A modo de ejemplo: «Respecto de la trabajadora, dice la empresa que se ha procedido a estudiar el número de trabajadores necesario para la atención telefónica de cada centro, concluyéndose que en el

centro de trabajo sito en [DIRECCIÓN] requiere para su funcionamiento normal un total de [NÚMERO] personas, siendo su dotación actual de [NÚMERO]. Que partiendo de la información disponible en la entidad sobre potencial y desempeño, consideran que la demandante es la que muestra un menor grado de integración con el equipo, así como presenta los peores índices de productividad y menor capacitación y potencial para el desarrollo de trabajo comercial, lo que junto con criterios de especialización, polivalencia y adaptación al cambio determina la necesidad de extinguir su puesto de trabajo. Esto es incierto ya que [DESCRIPCIÓN]».

Demanda para el reconocimiento de vacantes de igual o similar categoría tras excedencia (solicitando reincorporación e indemnización de daños y perjuicios)

AL JUZGADO DE LO SOCIAL DE [LOCALIDAD]

D./D.ª [NOMBRE_ABOGADO_CLIENTE], graduado social, colegiado con el n.º [NÚMERO], en nombre y representación de D./D.ª [NOMBRE_CLIENTE], mayor de edad, poseedor del D.N.I. núm. [NÚMERO], y vecino de [LOCALIDAD], con domicilio en calle [CALLE], conforme se tiene acreditada por apoderamiento efectuado en el día de hoy, ante el Sr. Secretario Judicial, del Juzgado al que nos dirigimos, ante el JUZGADO DE LO SOCIAL comparezco y como mejor proceda en derecho,

DIGO

Que por medio del presente escrito vengo a interponer **DEMANDA DECLARATIVA DE RECONOCIMIENTO DE EXISTENCIA DE VACANTE** contra la empresa [NOMBRE_EMPRESA], domiciliada en [DOMICILIO_SOCIAL], en base a los siguientes hechos y fundamentos de derecho:

HECHOS

PRIMERO. Que el demandante ha venido prestando sus servicios en la empresa demandada desde el [DÍA] de [MES] de [AÑO], bajo el grupo profesional de [GRUPO_PROFESIONAL] y un salario [ESPECIFICAR] de [CANTIDAD] euros, incluida la prorrata de pagas extras, prestando sus servicios en el centro de trabajo de [LUGAR_CENTRO_TRABAJO], en la sección de [ESPECIFICAR], y realizando las funciones de [FUNCIONES].

SEGUNDO. Que con fecha [DÍA] de [MES] de [AÑO], al amparo de lo establecido en el artículo 46.3 del Real Decreto Legislativo 2/2015, de 23 de octubre, por el que se aprueba el Texto Refundido de la Ley del Estatuto de los Trabajadores, en relación a lo estipulado en el convenio colectivo del sector de [CONVENIO_COLECTIVO_APLICABLE], aplicable a la empresa demandada, **solicita excedencia para CUIDADO DE SU HIJO** [NOMBRE], **QUE HABÍA NACIDO EL** [DÍA] de [MES] de [AÑO], concediéndose la misma con fecha de efectos del [DÍA] de [MES] de [AÑO].

TERCERO. Transcurridos [NÚMERO] meses desde el inicio del periodo de excedencia, por [BUROFAX/TELEGRAMA/FAX/ESCRITO/E-MAIL/MEDIO DE COMUNICACIÓN UTILIZADO] dirigido a la empresa y recibido por la misma el [DÍA] de [MES] de [AÑO], mi poderdante comunica al empresario, su intención de **incorporarse a su puesto de trabajo el día** [DÍA] de [MES] de [AÑO], **día este en que se cumplían** [NÚMERO] **meses de la situación de excedencia.** (1)

CUARTO. Que el día [DÍA] de [MES] de [AÑO] se produjo en la empresa una vacante en el departamento de [ESPECIFICAR] de (IGUAL/SIMILAR) grupo profesional, habiéndose cubierto con la contratación de otro trabajador externo a la mercantil.

QUINTO. Que desde el día [DÍA] de [MES] de [AÑO] hasta hoy han transcurrido un total de [NÚMERO] días en los que debería haber estado prestando servicios remunerados, lo que ha implicado dejar de obtener una ganancia de [CANTIDAD] euros en concepto de salarios.

SEXTO. Que el demandante no ocupa ni ha ocupado cargo electivo sindical ni está amparado por garantías sindicales dimanantes del ejercicio de este.

SÉPTIMO. Con fecha [FECHA], se presentó papeleta de demanda ante el S.M.A.C., habiéndose celebrado el preceptivo acto de conciliación, el día [DÍA] de [MES] de [AÑO], con el resultado de [ESPECIFICAR], copia de cuya acta se adjunta como documento núm. uno.

FUNDAMENTOS DE DERECHO

I. COMPETENCIA

La Ley 36/2011, de 10 de octubre, reguladora de la jurisdicción social, y en particular sus artículos 1 y 2 letra a) en cuanto a la competencia del Juzgado a que nos dirigimos.

II. CAPACIDAD Y LEGITIMACIÓN

Que me encuentro capacitado procesalmente para comparecer en juicio como legitimado para interponer esta demanda, en virtud de los artículos 16 y 17 de la Ley de la Jurisdicción Social.

III. PROCEDIMIENTO

La Ley 36/2011, de 10 de octubre, reguladora de la jurisdicción social, y en particular sus artículos 103 y siguientes reguladores de los procesos de despido.

IV. NORMATIVA

El **Real Decreto 2/2015, de 23 de octubre, por el que se aprueba el Texto Refundido de la Ley del Estatuto de los Trabajadores** y, en particular, su artículo 46, donde se regulan las excedencias a las que tienen derecho los trabajadores y en concreto el punto 5 donde se matiza que el **trabajador excedente conserva un derecho preferente al reingreso en las vacantes de igual o similar categoría a la suya que hubiera o se produjeran en la empresa:**

«3. Los trabajadores tendrán derecho a un periodo de excedencia de duración no superior a tres años para atender al cuidado de cada hijo, tanto cuando lo sea por naturaleza, como por adopción, o en los supuestos de guarda con fines de adopción o acogimiento permanente, a contar desde la fecha de nacimiento o, en su caso, de la resolución judicial o administrativa.

También tendrán derecho a un periodo de excedencia, de duración no superior a dos años, salvo que se establezca una duración mayor por negociación colectiva, los trabajadores para atender al cuidado del cónyuge o pareja de hecho, o de un familiar hasta el segundo grado de consanguinidad y por afinidad, incluido el familiar consanguíneo de la pareja de hecho, que por razones de edad, accidente, enfermedad o discapacidad no pueda valerse por sí mismo, y no desempeñe actividad retribuida.

La excedencia contemplada en el presente apartado, cuyo periodo de duración podrá disfrutarse de forma fraccionada, constituye un derecho individual de los trabajadores y trabajadoras. No obstante, si dos o más personas trabajadoras de la misma empresa generasen este derecho por el mismo sujeto causante, la empresa podrá limitar su ejercicio simultáneo por razones fundadas y objetivas de funcionamiento debidamente motivadas por escrito debiendo en tal caso la empresa ofrecer un plan alternativo que asegure el disfrute de ambas personas trabajadoras y que posibilite el ejercicio de los derechos de conciliación. Cuando un nuevo sujeto causante diera derecho a un nuevo periodo de excedencia, el inicio de la misma dará fin al que, en su caso, se viniera disfrutando.

El periodo en que la persona trabajadora permanezca en situación de excedencia conforme a lo establecido en este artículo será computable a efectos de antigüedad y el trabajador tendrá derecho a la asistencia a cursos de formación profesional, a cuya participación deberá ser convocado por la empresa, especialmente con ocasión de su reincorporación. Durante el primer año tendrá derecho a la reserva de su puesto de trabajo. Transcurrido dicho plazo, la reserva quedará referida a un puesto de trabajo del mismo grupo profesional o categoría equivalente.

No obstante, cuando la persona trabajadora forme parte de una familia que tenga reconocida la condición de familia numerosa, la reserva de su puesto de trabajo se extenderá hasta un máximo de quince meses cuando se trate de una familia numerosa de categoría general, y hasta un máximo de dieciocho meses si se trata de categoría especial. Cuando la persona ejerza este derecho con la misma duración y régimen que el otro progenitor, la reserva de puesto de trabajo se extenderá hasta un máximo de dieciocho meses.

En el ejercicio de este derecho se tendrá en cuenta el fomento de la corresponsabilidad entre mujeres y hombres y, asimismo, evitar la perpetuación de roles y estereotipos de género».

El **convenio colectivo del sector** de [CONVENIO_COLECTIVO_APLICABLE], actualmente vigente y publicado en el BO [PROVINCIA], con fecha [FECHA] y aplicable a la empresa demandada.

V. FONDO DEL ASUNTO

Reglas de distribución de la carga probatoria en casos de reingreso tras excedencia voluntaria con solicitud efectuada formal y tempestivamente.

Corresponde a la empresa, y no el trabajador, demostrar la existencia o inexistencia de determinada vacante en un momento concreto. En este punto interesa la STSJ Madrid, rec. 494/2011 de 4 de noviembre de 2011, ECLI:ES:TSJM:2011:11773, donde se cita la STS, rec. 3876/2004, de 6 de octubre de 2.005, ECLI:ES:TS:2005:5946, dictada en función unificadora, expresando que:

> «(...) Esta Sala ha tenido ya ocasión de ocuparse del problema relativo a la atribución de la carga probatoria sobre algunos aspectos de la relación laboral, ya bajo la vigencia de la actual Ley de Enjuiciamiento Civil, cuyo art. 217 ha venido a sustituir la regulación que en la materia se contenía anteriormente en el citado art. 1.214 del Código Civil. Nuestra Sentencia de 25 de enero de 2005, refiriéndose a un supuesto de falta de liquidez de la empresa, pero siendo su doctrina perfectamente extensible a la situación que aquí nos ocupa —existencia o inexistencia de vacante a efectos de reingreso de un excedente voluntario—, razonaba en los siguientes términos: "(...) En evitación de los inconvenientes a que acabamos de aludir, parece lo más acertado acudir al criterio doctrinalmente conocido de la proximidad o de la facilidad probatoria, ya consagrado por nuestra jurisprudencia bajo la vigencia del art. 1.214 del Código Civil, siendo de citar a este respecto, entre otras, las Sentencias de la Sala 1.ª de este Tribunal Supremo de 15 de julio de 1988, 17 de julio de 1989 y 23 de septiembre de 1989, conforme a las cuales la norma distributiva de la carga de la prueba no responde a unos principios inflexibles, sino que se deben adaptar a cada caso según la naturaleza de los hechos afirmados o negados y la disponibilidad o facilidad para probar que tenga cada parte. Criterio éste que en la actualidad ya viene legalmente consagrado, al establecer el apartado 6 del tan citado art. 217 de la LECiv. vigente, tras haber suministrado determinadas reglas concretas acerca de la carga probatoria, que "para la aplicación de lo dispuesto en los apartados anteriores de este artículo, el tribunal deberá

tener presente la disponibilidad y facilidad probatoria que corresponde a cada una de las partes en litigio'', añadiendo, a continuación, que: "(...) Pues bien: no cabe duda de que es la empresa, y no el trabajador, quien tiene la mayor disponibilidad de los elementos probatorios acerca de la existencia o inexistencia de determinada vacante en un momento concreto, no sólo porque a su alcance se encuentra la pertinente documentación, sino además porque la posible inexistencia, pese a tratarse de un hecho negativo, puede perfectamente probarla, en el caso de ser cierta, por cualquiera de los demás medios admitidos en derecho (...)"».

En relación a la indemnización por reincorporación tardía del trabajador excedente a plazas vacantes de su categoría o similar.

Como recuerda entre otras la **STSJ de Baleares n.º 64/2017, de 16 de mayo de 2017, ECLI:ES:TSJBAL:2017:345**, la Sala IV del Tribunal Supremo abordó el derecho a indemnización por reincorporación tardía del trabajador excedente a plazas vacantes de su categoría o similar ya desde la sentencia de 19 de abril de 1986 aplicando la doctrina general sobre la acción resarcitoria que, aplicando al mismo el art. 1101 CC, declara de la incumbencia del acreedor la prueba y cuantificación de los posibles perjuicios causados «puesto que la obligación del incumplimiento por uno de los contratantes, para que nazca y sea exigible precisa se demuestre la realidad de haberse producido aquéllos, sin que pueda derivarse la misma de supuestos meramente posibles pero de resultados inseguros y desprovistos de certidumbre, pues en tal caso perdería la indemnización su natural carácter, adquiriendo el de una sanción». En la misma línea, la sentencia del TS de 24 de enero de 1987, ECLI:ES:TS:1987:16609 reafirmó que el trabajador puede exigir «la reparación de los perjuicios que el retraso en la reincorporación haya podido provocarle siempre que aquéllos sean imputables al empresario y se pruebe su existencia», añadiendo que dichos perjuicios pueden cifrarse en la cuantía de los salarios dejados de percibir como consecuencia de la tardanza en la reincorporación.

Examinando directamente el concreto tema litigioso aquí planteado, la sentencia de 28 de febrero de 1989, ECLI:ES:TS:1989:1473, con cita de otras anteriores «Sentencias de la Sala de 17 de octubre de 1984, 11 de marzo de 1986 y 26 de octubre de 1988», consideró que el daño o perjuicio a indemnizar se presume por la mera constatación de que el trabajador no obtuvo «ganancias por su trabajo», y debe ser compensado con los salarios correspondientes «desde que se reclamó judicialmente el derecho a la citada reincorporación»; esta fijación de la indemnización por vía de presunción —continúa la misma sentencia— admitiría la prueba en contrario de la existencia del daño si la empresa demostrare el hecho impeditivo de la obtención por parte del trabajador de «ganancias por su trabajo por cuantía equivalente al salario que hubiera percibido de haberse producido la reincorporación de manera tempestiva». Este sistema de fijación de la indemnización fue luego aceptado en la sentencia de 26 de junio de 1990, con la matización de que el dies a quo para el cálculo de la indemnización por ganancias dejadas de percibir se adelanta, en su caso, desde el momento de la reclamación judicial al momento anterior de iniciación del trámite preceptivo de evitación del proceso (conciliación o reclamación administrativa previa).

La **STS, rec. 1300/1994, de 14 de marzo de 1995, ECLI:ES:TS:1995:1506** condensó la doctrina jurisprudencial sobre la cuestión objeto de estudio en los siguientes términos:

1) Se presume que la reincorporación tardía del trabajador excedente da lugar a una indemnización de daños y perjuicios.

2) La cuantía de la indemnización se cifra en principio en los salarios dejados de percibir a causa de la conducta de incumplimiento de la empresa desde la conciliación o reclamación administrativa previas a la reclamación judicial, o desde esta última si por una u otra razón se ha interpuesto antes.

3) Corresponde al trabajador la acreditación de daños y perjuicios superiores que considere se han producido.

4) Corresponde al empresario la acreditación de los hechos impeditivos de las indemnizaciones reclamadas.

Y con posterioridad, las **STS, rec. 2669/1999, de 30 de junio de 2000, ECLI:ES:TS:2000:5369 y STS, rec. 148/2014 de 4 de febrero de 2015, ECLI: ES:TS:2015:1374,** declaró que «(...) a partir del derecho que todo trabajador en situación de excedencia voluntaria tiene a la readmisión posterior a aquélla, cuando exista plaza de igual o similar categoría a la suya de conformidad con las previsiones que en tal sentido se contienen en el art. 46.5 del Estatuto de los Trabajadores, esta Sala se ha manifestado de forma reiterada en el sentido de estimar que una readmisión tardía por parte de la empresa de derecho al trabajador a reclamar por el concepto de daños y perjuicios los salarios devengados durante el tiempo que duró aquel retraso (u otros superiores si así los acreditara), en base a la previsión que en tal sentido se contiene en el art. 1101 del Código Civil».

Por lo expuesto,

SOLICITO al JUZGADO DE LO SOCIAL que, teniendo por presentada esta demanda con sus copias y documentos que se acompañan, la admita a trámite, acuerde señalar día y hora para la celebración de la conciliación previa y, caso de no avenencia, del acto del juicio, y tras de éste y de los demás trámites oportunos, concluir dictando sentencia por la que, reconociendo la el derecho del trabajador/a, al haber finalizado la situación de excedencia voluntaria en que permaneció y existir vacantes de su categoría, a reingresar de forma inmediata en la empresa demandada y a satisfacer al demandante una indemnización de daños y perjuicios de [CANTIDAD] euros (2), como cantidad equivalente a los salarios dejados de percibir desde la fecha de [FECHA] (3), hasta la fecha en que se produzca la reincorporación efectiva, conforme a un salario diario de [CANTIDAD] euros, pues así procede en derecho y justicia.

OTROSÍ DIGO: que, en la celebración de la vista del juicio, compareceré asistido y defendido por el Letrado Sr./Sra. D./Dña. [NOMBRE_LETRADO_O_GRADUADO_SOCIAL], señalándose a efectos de citaciones y notificaciones el domicilio del mismo, sito en [DOMICILIO_DESPACHO].

SOLICITO AL JUZGADO DE LO SOCIAL, que tenga por hecha dicha manifestación, siendo justicia que reitero.

En [LOCALIDAD], a [DÍA] de [MES] de [AÑO]

[FIRMAS]

---

(1) En caso de no haber recibido contestación consignar: «sin que ha dicha comunicación tuviera contestación de tipo alguno».

(2) Los criterios fijados jurisprudencialmente para determinar la indemnización que corresponde en supuestos en que el trabajador en situación de excedencia voluntaria, habiendo solicitado oportunamente su reingreso, no hay sido readmitido por la empresa a pesar de la existencia de vacantes, son:

a) Se presume que la reincorporación tardía del trabajador excedente da lugar a una indemnización de daños y perjuicios.

b) La cuantía de la indemnización se cifra en principio en los salarios dejados de percibir a causa de la conducta de incumplimiento de la empresa desde la conciliación administrativa o reclamación previas a la acción judicial o desde esta última si por una razón u otra se ha interpuesto antes. c) En cuanto a la carga de la prueba, corresponde al empresario acreditar los hechos impeditivos de la indemnización reclamada, es decir, la inexistencia de vacante, pues en caso contrario se trasladaría al demandado probar un hecho negativo.

En este sentido la sentencia del Tribunal Supremo, rec. 148/2014, de 4 de febrero de 2015, ECLI:ES:TS:2015:1374, estudia el *dies a quo* para el cómputo de la indemnización por daños y perjuicios derivada de la no reincorporación, finalizada la excedencia, habiéndose producido la vacante con posterioridad a aquella.

(3) Presentación de la papeleta de conciliación ante el servicio de mediación, arbitraje y conciliación/fecha de conocimiento de la nueva contratación, etc.